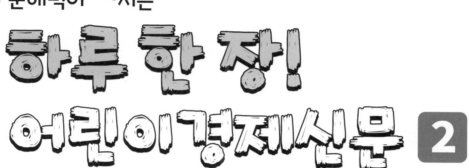

문해력이 커지는

하루 한 장!
어린이경제신문 2

어린이 경제신문 / 진로N

머리말 ✏

'문해력 결핍 심각…모르는 단어, 유튜브로 찾아봐'

'고지식이 높은 지식인가요? 읽어도 이해 못하는 아이들'

'혼자서는 교과서도 읽을 수 없다, 심각한 교실'

　모두 우리나라 초등학생들의 '문해력 저하'와 관련된 신문 기사 제목입니다. 문해력이란, 글을 읽고 이해하는 능력을 말합니다. 하지만 무분별한 디지털 기기 사용과 코로나 팬데믹에 의한 학습 격차 등 다양한 이유로 많은 아이들이 문해력을 상실해가고 있습니다.

　문해력 저하는 단순히 어휘나 글을 모르는 것에서 끝나지 않습니다. 교과서 내용을 제대로 이해하지 못해 '학습 부진'을 겪을 수도 있고, 성적 하락이 자신감 하락으로 이어져, '교우 관계'에도 문제가 생길 수 있습니다. 이는 나아가 '사회성 발달'에도 영향을 미칠 수 있습니다.

　이런 상황들을 방지하기 위해서라도 아이들의 문해력 향상을 위한 노력은 반드시 필요합니다.

　그런 면에서 '신문'은 아이들의 문해력 향상을 돕는 매우 유용한 도구라고 할 수 있습니다. 세상에서 일어나는 다양한 분야의 정보들을 일목요연하게 정리해 제공함으로써, 머릿속 생각들을 확장시킬 수 있게 도와주기 때문입니다.

　신문 읽기와 문해력은 떼려야 뗄 수 없는 관계입니다. 이는 세계 각국의 연구 결과를 통해서도 이미 증명돼 왔습니다.

　독일 교육 연구소는 '정기적으로 신문을 읽는 학생들은 그렇지 않은 학생에 비해 평균적으로 20% 더 높은 독해력을 보였다.'라는 연구 결과를 발표했습니다.

　또 미국 문해력 협회의 조사에선 '신문 읽는 습관을 가진 아이들은 그렇지 않은 아이들 보다 비판적 사고력과 문제 해결 능력이 25% 더 높다.'라는 결과가 나왔습니다.

영국 교육부의 조사에 따르면, '문해력이 높은 학생들은 표준 학력 평가에서 평균 15% 이상 높은 성적을 받은 것'으로 나타났으며, 한국 교육개발원의 조사에선, '문해력이 뛰어난 학생들은 대학 진학률이 30% 더 높은 것'으로 나타났습니다.

〈하루 한 장! 어린이 경제신문〉은 실제 신문 기사 읽기를 통한 '3가지 문해력 훈련' 방법을 제시합니다.

첫째 경제, 사회문화, 환경, 과학 등 4가지 주제의 신문기사를 알기 쉽게 풀어내, 아이들이 꼭! 알아야 할 필수 상식을 풍성하게 채워줍니다. **둘째** 기사와 관련된 체계적인 유형의 활동지를 제공함으로써, 독해력과 사고력을 키워줍니다. **셋째** 매일 한 장, 부담 없이 읽기 연습과 문제 풀이를 하며, 꾸준한 학습 습관을 길러줍니다.

이 책을 통해 우리 아이들이 신문 읽기의 진정한 가치와 즐거움을 배우며, 문해력이 쑥쑥 자라는 놀랍고 행복한 경험을 하길 바랍니다.

박원배 어린이 경제신문 대표

〈하루 한 장! 어린이 경제신문〉 이렇게 활용해요!

✓ 본문을 읽기 전, 기사의 '핵심 개념'을 살펴봅니다.

✓ 분야별로 요약된 '기사 내용'을 꼼꼼히 읽어봅니다.

✓ 다양한 유형의 '퀴즈'를 풀며 내용을 복습합니다.

✓ 기사에 포함된 주요 '어휘'를 '한자'와 함께 익힙니다.

차례

경제

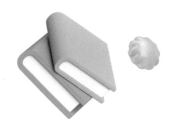

사회 문화

환경

경제

정보에도 '균형'이 필요해!

> **개념 쏙쏙!** **정보 비대칭**
>
> 시장에서 이루어지는 거래에서, 양측이 보유한 정보에 차이가 생기는 현상을 말해요. 다른
> 말로 '정보 불균형'이라고 합니다.

'A식당 불매운동' 대체 무슨 일이?

SNS에 'A식당 불매운동*'이라는 글이 올라왔습니다. A식당에서 맛이 이상한 짜장면을 먹은 소비자가 이 사실을 가게 주인에게 이야기했더니 그냥 먹으라고 강요하고, 자신을 밀치며 불친절하게 말했다는 내용이었어요. 해당 글을 본 누리꾼들은 A식당의 불매운동을 벌이자는 댓글을 달았고, 이후 A식당의 손님은 뚝 끊겼습니다.

그런데, 이게 무슨 일이죠? 얼마 뒤, 자신을 'A식당 사장의 아들'이라고 밝힌 이가 '제발 저희 가게를 도와주세요.'라는 제목의 글을 올렸습니다. '글을 쓴 손님이 문제였다.'라는 내용이었어요. 손님이 짜장면 맛이 이상하다고 화를 내서 새로 가져다드렸는데, 그것도 이상하다며 배상*하라고 소란을 피워, 결국 음식값을 받지 않고 사과하며 돌려보냈다는 겁니다.

정보의 비대칭, 해소 방안은?

현실의 거래에서는 대부분 한쪽이 다른 쪽보다 더 많은 정보를 가지고 있습니다. 예를 들어, 중고 자전거를 사고파는 상황을 생각해 보세요. 판매자는 자신이 파는 중고 자전거의 상태를 잘 알고 있어요. 제대로 작동하는지, 어디가 고장 났었는지 다 알고 있죠. 그에 비해 자전거를 사는 사람이 가진 정보는 턱없이 부족합니다. 전문가가 아닌 이상, 판매자가 알려주는 정보만을 믿을 수밖에 없어요.

이처럼 시장에서 이루어지는 거래에서 양측이 보유한 정보에 차이가 나는 현상을 '정보 비대칭'이라고 합니다.

'A식당 불매운동' 사건은 한 소비자의 부정적인 후기로 인해 손님이 끊기게 된 식당 측이 사건에 대한 새로운 정보를 제공해, 정보 비대칭을 바로잡으려고 한 예로 볼 수 있어요. 이 사례를 통해 정보의 불균형이 때론 억울한 피해자를 만들 수 있음을 알 수 있었습니다.

기사를 읽고 퀴즈를 풀어보세요!

1 다음 문장이 설명하고 있는 이것은 무엇인가요?

시장에서 이루어지는 거래에서 양측이 보유한 정보에 차이가 있는 현상을 뜻하는 용어로, 거래에서 어느 한 쪽이 더 많거나 좋은 정보를 갖고 있을 때 발생합니다.

（　　　　　　　　　）

2 다음 내용을 읽고 맞으면 O, 틀리면 X를 표기하세요.

· 현실의 거래에서는 언제나 양쪽이 동일한 정보를 갖고 있다. (　　)
· 정보의 불균형은 때론 억울한 피해자를 만들기도 한다. (　　)

3 우리 주변에서 '정보 비대칭'이 빈번하게 일어나는 사례를 조사해 적어보세요.

문해력 쑥쑥! 어휘사전

★ **불매운동** | 소비자들이 항의나 저항의 뜻을 표시하기 위해 특정한 상품을 사지 않는 일

★ **배상** | 남의 권리를 침해한 사람이 그 손해를 물어 줌

아닐 '불', 살 '매', 옮길 '운', 움직일 '동'	물어줄 '배', 갚을 '상'
不買運動	賠償

💬 본문에 나온 한자어를 소리 내어 읽고 써보세요.

금과일·금채소라는데 '엥겔지수' 줄었다고?

개념 쏙쏙! 엥겔지수(Engel coefficient)

가계*의 소비 지출 중에서 식료품비가 차지하는 비율을 나타낸 지표*로, 가계의 생활 수준을 측정하는 데 사용됩니다.

치솟는 물가에 금값 된 '과일·채소'

요즘 들어 과일이나 채소 등과 같은 신선식품이 식탁에 올라오는 횟수가 전보다 줄었다는 것을 느끼고 있나요? 그 이유는 신선식품의 물가가 너무 많이 올라서예요. 2024년 3월, 통계청 발표에 따르면, 과일값은 1년 전보다 40.6%가 올라, 32년 7개월 만에 가장 큰 상승 폭을 기록했어요. 채솟값도 12.2%나 올랐는데요. 특히 파(50.1%), 토마토(56.3%), 사과(71%), 귤(78.1%) 등의 가격 상승 폭이 두드러졌습니다.

그에 비해 가공식품* 가격은 1년 전보다 1.9% 증가하는 데 그쳤어요. 라면(-4.8%), 국수(-1.2%), 소시지(-1.5%)는 오히려 가격이 내려갔죠.

'고기' 대신 '햄' 먹으니, 엥겔지수 Down!

가계 전체 지출액 중에서 식료품비가 차지하는 비율을 '엥겔지수'라고 합니다. 이는 1857년 독일의 경제학자 엥겔(Engel)이 발표한 이론으로, 보통 소득이 적은 가계일수록 엥겔지수가 높은 경향을 보인다고 해요. 아무리 생활이 어려워도, 먹는 것은 생존을 위한 필수 요소이기 때문이죠.

그런데, 통계청 발표에선 '소득이 낮은 가계의 엥겔지수가 오히려 내려간 것'으로 나타났어요. 이유가 뭐냐고요? 상대적으로 가격이 덜 오른 '가공식품'을 대체재*로 선택해서 먹는 비중이 늘어났기 때문이에요.

예를 들어 카레에 비싼 고기 대신 값싼 햄을 넣고, 볶음밥에 영양이 풍부한 생채소를 넣는 대신 영양은 떨어지지만 저렴한 냉동 채소를 넣는 거죠. 이렇게 신선식품* 소비를 줄이고, 가공식품 소비를 늘리면서 소득이 낮은 가계의 엥겔지수가 낮아질 수 있었던 겁니다.

기사를 읽고 퀴즈를 풀어보세요!

1 다음 문장이 설명하고 있는 이것은 무엇인가요?

이것은 가계의 소비 지출 중에서 식료품비가 차지하는 비율을 나타낸 지표로, 가계의 생활 수준을 측정하는 기준이 되기도 합니다.

☐☐☐☐

2 위 기사 내용과 다른 한 가지를 고르세요. (　　)

① 과일값은 32년 7개월 만에 가장 큰 상승 폭을 기록했다.

② 라면과 소시지 가격은 1년 전보다 낮아졌다.

③ 엥겔지수는 독일의 경제학자 엥겔(Engel)이 발표한 이론이다.

④ 예전보다 신선식품의 소비가 많이 늘었다.

3 빈칸에 알맞은 단어를 채워 문장을 완성해 보세요.

일반적으로, 소득이 적은 가계일수록 엥겔지수가 높은 경향을 보인다고 해요. 그런데 2024년 3월, 통계청 발표에선 소득이 낮은 가계에서 엥겔지수가 오히려 하락한 것으로 나타났어요. 이런 현상이 나타난 이유는 상대적으로 가격이 덜 오른 가공식품을 ☐☐☐로 선택해서 먹는 비중이 늘어났기 때문이에요.

문해력 쑥쑥! 어휘사전

★ **가계** | 소비의 주체로 '가정'을 이르는 말

★ **지표** | 방향이나 목적, 기준 따위를 나타내는 표지

★ **가공식품** | 농산물, 축산물, 수산물 따위를 인공적으로 처리하여 만든 식품

★ **대체제** | 대신해 사용할 수 있는 물품. 또는 그런 제품

★ **신선식품** | 신선한 상태로 유통되는 채소나 과일, 생선 따위의 식품

✏️ 본문에 나온 한자어 '지표'를 활용한 예문을 작성해 보세요.

[예시]　지표(指標: 가리킬 '지', 꼭대기 '표')

외모는 아름다움을 판단하는 **지표** 중의 하나다.

이자 폭탄이 쏟아진다! '대리입금 주의보'

개념 쏙쏙! 대리입금

SNS를 통해 청소년들을 유인*해 콘서트 티켓이나, 굿즈, 게임 아이템 구입비 명목*으로, 소액의 돈을 빌려주고 비싼 이자를 요구하는 불법 대출을 말해요.

수고비에 지각비까지, '대리입금'의 늪

A양은 최애 아이돌의 신규 앨범 예약 판매를 하루 앞두고 고민이 많아요. 통장에 남은 용돈이 겨우 5천 원뿐이거든요. 방법을 고민하던 중 우연히 SNS에서 대리입금 광고를 보게 된 A양은, 5만 원을 빌리고 싶다는 내용과 함께 자신의 전화번호와 이름을 적어 보냈어요. 잠시 후, 상대방은 어느 학교, 몇 학년인지 등을 추가로 물어봤고, A양이 정보를 알려주자마자 곧장 돈을 빌려주었답니다.

대리입금을 이용한 지 일주일이 되는 날, 상대방에게서 6만 5천 원을 갚으라는 문자가 왔어요. 원금의 30%인 1만 5천 원을 수고비로 더 내야 한다는 거예요. 게다가 오늘 당장 돈을 갚지 않으면 하루당 원금의 50%를 지각비로 지불해야 한다고 했죠.

A양은 약속한 날짜에 돈을 갚지 못했어요. 그러자 상대방은 매일 수십 통의 협박 전화를 하며, 부모님과 학교에 연락을 하겠다고 겁을 줬어요. 그렇게 한 달 뒤, A양이 갚아야 할 총금액은 1,180%라는 무시무시한 이자율이 더해진 64만 원으로 불어나 버렸죠.

대리입금은 '불법' 무조건 신고해!

대리입금은 법적으로 처벌*을 받을까요? 결론적으로 말하면 당연히 처벌됩니다. 우리나라는 돈을 빌려줬을 때, 이자율이 연 20%를 넘지 않도록 정하고 있어요. 그런데 A양 사례의 경우, 한 달에 무려 1,180%의 이자를 내라고 했으니, 법적으로 문제가 되는 거죠.

A양처럼 대리입금 피해를 경험하거나 피해를 목격하게 된다면, 학교 선생님이나 부모님께 도움을 요청해야 해요. 또는 금융감독원(1332)으로 즉시 신고하기 바랍니다.

대리입금의 무시무시한 이자 계산법!

① 원금은 5만 원, 한 달 동안 불어난 이자는 64만 원에서 5만 원을 뺀 59만 원이에요.

② 원금에 대한 이자율을 계산하려면 (이자 ÷ 원금) × 100을 하면 돼요.

③ 위 공식대로 계산해보면 (59만 원 ÷ 5만 원) × 100 = 1,180

④ 이자율이 무려 1,180%라는 뜻이에요.

기사를 읽고 퀴즈를 풀어보세요!

1 단어에 관한 설명을 토대로, 퍼즐 속에 숨은 어휘를 찾아 동그라미 치세요.

태	양	인	어	공	주
극	과	대	리	입	금
기	수	한	마	음	악
개	원	민	생	안	정
구	금	국	적	불	영
리	본	가	이	자	복

① SNS를 통해 청소년들을 유인해 콘서트 티켓, 굿즈, 게임 아이템 등의 구입비 명목으로 소액의 돈을 빌려주고 비싼 이자를 요구하는 불법 대출 (4자)

② 빌린 돈 가운데 이자를 제외한 원래의 돈 (2자)

③ 남에게 돈을 빌려 쓴 대가로 치르는 일정한 비율의 돈 (2자)

문해력 쑥쑥! 어휘사전

★ **유인** | 주의나 흥미를 일으켜 꾀어냄

★ **처벌** | 형벌에 처함. 또는 그 벌

★ **명목** | 구실이나 이유

✏ 본문에 나온 한자어 '유인'을 활용한 예문을 작성해 보세요.

예시 유인(誘引: 꾈 '유', 끌 '인')

아기 고양이를 구조하기 위해 먹이로 **유인**했다.

돈벼락이 날벼락으로…'자원의 저주'

> **개념 쏙쏙!** **자원의 저주**
>
> 자원이 풍부한 나라가 오히려 자원이 부족한 나라보다 경제성장률이 저조한 현상을 말해요.
> 풍부한 자원 덕에 당장은 경제적인 풍요를 누리지만, 무분별한 사용으로 인해 파국*을 맞이
> 하게 되죠.

미국보다 2배나 잘 살던 섬나라가 있었다고?

남태평양 한가운데 위치한 섬나라 '나우루'는 인구
가 1만 명 남짓으로, 우리나라 울릉도와 비슷해요.
땅덩어리도 21㎢로, UN 회원국 중 두 번째로 작아
요. 그런데 놀랍게도 이 조그만 나라가 1980년대에
는 미국보다 2배나 잘 살았다고 합니다.

그 비결은 바로 '구아노(Guano)'라고 불리는 인광
석 덕분이었어요. 구아노는 바닷새의 '똥'이 몇만 년
간 쌓여 돌덩이처럼 굳은 것으로, 화약 재료와 농업 비료로 쓰이는 값비싼 자원입니다.
그런데 이 귀한 구아노가 나우루섬 전체에 깔려 있던 거예요. 덕분에 나우루 국민들은
손가락 하나 까딱하지 않고 돈방석에 앉게 됐죠. 귀찮은 채굴 작업은 외국인 노동자에
게 맡기고, 벌어들인 돈을 펑펑 쓰느라 바빴답니다.

자원의 '축복'이 '저주'로 되돌아오다!

세월이 흘러 구아노가 바닥나자, 나우루의 경제는 급격히 추락했어요. 가장 큰 문제는
그동안 무분별하게 땅을 파헤친 탓에, 땅이 달 표면처럼 울퉁불퉁하고 거칠어진 데다,
섬의 높이도 크게 낮아졌다는 거예요. 지구온난화로 인해 바닷물 수위*가 높아지면
서, 나우루는 삶의 터전과 경제가 동시에 가라앉는 '자원의 저주'의 덫에 걸려버렸죠.

'자원의 저주'는 경제가 발달하지 못한 국가에서 주로 나타나는데요. 기댈만한 산업이
부족하다 보니, 돈 되는 자원에만 '올인'한 탓에 경제 전체가 망가져 버리는 것입니다.

우리나라처럼 여러 산업이 고르게 성장한 국가에서는 자원의 저주가 일어날 가능성
이 낮아요. 하지만 나우루의 사례를 교훈 삼아, 자원 낭비에 대한 경각심*을 갖는 우리
가 돼야겠습니다.

1 다음 문장을 읽고 괄호 안에 알맞은 단어를 골라 동그라미 치세요.

자원이 풍부한 나라가 오히려 자원이 부족한 나라보다 경제성장률이 저조한 현상을
(자원의 축복, 자원의 저주)라고 해요. 풍부한 자원 덕에 당장은 경제적 풍요를
누리지만, 무분별한 사용으로 인해 파국으로 치닫게 되죠.

2 다음 중, '나우루'에 대한 내용으로 옳은 것은 무엇인가요? (   )

① 나우루의 인구수는 우리나라 독도와 비슷하다.
② 1980년대에는 나우루가 미국보다 2배나 잘 살았다.
③ 나우루를 부자로 만들어준 자원은 '다이아몬드'였다.
④ 시간이 지날수록 나우루의 땅이 점점 솟아올랐다.

3 '자원의 저주'가 경제가 발달하지 못한 국가에서 주로 나타나는 이유는 무엇인가요?

★ 파국 | 일이나 사태가 잘못돼 결딴이 남.   ★ 경각심 | 정신을 차리고 주의 깊게 살펴
   또는 그 판국   경계하는 마음

★ 수위 | 강, 바다, 호수, 저수지 따위의 물의
   높이

깨뜨릴 '파' 판 '국'	물 '수', 자리 '위'	경계할 '경', 깨달을 '각', 마음 '심'
破局	水位	警覺心

💬 본문에 나온 한자어를 소리 내어 읽고 써보세요.

17

팬덤 겨냥한 '패노크라시' 마케팅!

> **개념 쏙쏙!** 패노크라시(Fanocracy)
>
> 누군가를 매우 좋아하는 사람을 뜻하는 '팬(fan)'과 힘, 권력, 통치라는 뜻을 가진 접미사 '크라시(cracy)'를 합쳐 만든 말로, '팬이 통치하는 문화'를 뜻해요. 팬들이 소비의 중심에 서서 기업의 변화를 이끌어내는 현상이라고 풀이할 수 있죠.

'찐팬'의 마음을 잡아라!

가수, 배우, 스포츠 스타 등 특정 유명인을 열성적으로 좋아하고 지지하는 사람들을 '팬'이라고 해요. 이런 팬들이 모인 집단을 '팬덤'이라고 하죠.

팬덤은 좋아하는 대상에 대한 애정을 기반으로, 적극적인 홍보와 구매에 나서는 소비자예요. 기업들은 팬덤의 소비력과 충성도*가 새로운 시장이 될 수 있다고 보고, 팬덤을 끌어오기 위한 상품 기획과 판매 전략을 세우는 데 집중합니다. 이런 현상을 '팬이 통치하는 문화'라는 뜻의 '패노크라시'라고 해요.

예전에는 기업이 만들고 출시한 제품을 소비자인 팬이 그대로 수용*했었다면, 오늘날의 팬은 팬덤을 통해 자신의 의견을 적극적으로 표현합니다. 이들은 인터넷을 통해 좋아하는 주제에 관한 정보를 전문가처럼 수집하고, SNS를 통해 자발적*으로 홍보해요. 심지어 기업에 아이디어를 제공하거나, 제품을 개발하는 과정에 참여하기도 하죠.

패노크라시 마케팅 경쟁에 나선 기업들

최근에는 여러 식품회사들이 인기 아이돌 그룹의 팬덤을 겨냥한 패노크라시 마케팅 경쟁에 나서고 있어요.

한 예로 2024년 5월, 스타벅스 코리아는 SM엔터테인먼트의 소속 가수인 '엔씨티(NCT)'와 손잡고 '네오 쿨 테이스티 매실 피지오(Neo Cool Ta sty Plum Fizzio) 음료를 새롭게 출시했어요. NCT의 공식 컬러인 '펄 네오 샴페인'을 연상케 하는 탄산음료와 더불어, 머그컵, 키링, 콘서트 백 등의 굿즈가 함께 출시돼 엄청난 인기를 끌었죠.

향후 팬덤을 겨냥한 패노크라시 마케팅이 경제시장에서 얼마나 더 큰 위력을 발휘하게 될까요?

기사를 읽고 퀴즈를 풀어보세요!

1 빈칸에 알맞은 단어를 채워 문장을 완성해 보세요.

누군가를 매우 좋아하는 사람을 뜻하는 '팬(fan)'과 힘, 권력, 통치라는 뜻을 가진 접미사 '크라시(cracy)'를 합쳐 만든 말로, '팬이 통치하는 문화'를 뜻하는 이것을

라고 합니다.

2 위 기사와 관련된 내용을 읽고 맞으면 O, 틀리면 X를 표기하세요.

· 가수, 배우, 스포츠 스타 등 특정 유명인을 열성적으로 좋아하고 지지하는 팬들이 모인 집단을 '그룹'이라고 한다. (　　)

· 오늘날의 팬들은 기업에 아이디어를 제공하거나, 제품을 개발하는 과정에 참여 하기도 한다. (　　)

3 스타벅스 코리아가 '엔씨티(NCT)'와 함께 손잡고 출시한 '네오 쿨 테이스티 매실 피지오' 음료와 굿즈처럼, 국내 식품업계가 진행한 '패노크라시 마케팅' 사례를 조사해 적어 보세요.

문해력 쏙쏙! 어휘사전

★ **충성도** | 어떤 것에 몸과 마음을 다하는 정도 　★ **자발적** | 남이 시키거나 요청하지 않아도

★ **수용** | 어떠한 것을 받아들임 　　　　　　　　　　　　　자기 스스로 나아가 행하는 것

충성 '충', 정성 '성', 법도 '도'	받을 '수', 얼굴 '용'	스스로 '자', 필 '발', 과녁 '적'
忠誠度	受容	自發的

💬 본문에 나온 한자어를 소리 내어 읽고 써보세요.

금값 된 김값 '김플레이션'

개념 쏙쏙! 김플레이션

'김+인플레이션'의 합성어로, 김값이 지속적으로 오르면서 김밥 등의 관련 제품 가격도 들썩이는 상황을 말해요.

'김'밥 아니고 '금'밥 '김플레이션'이 뭐길래!

A김밥 전문점의 참치김밥 가격은 한 줄에 6,800원으로 7,000원에 육박해요. 후덜덜한 가격의 원인은 '김 가격 상승' 때문인데요. 이런 현상을 '김플레이션'이라고 합니다.

대체 김값이 얼마나 오르고 있는 걸까요? 2023년 김 도매가격은 1톳(100장)에 6,700원이었는데, 지금은 1만 원을 넘어섰어요. 비율로 따지면 무려 60%가 오른 셈이죠.

검은 반도체 '김 산업'의 새로운 대안은?

농수산물 가격 인상의 원인은 대부분 '생산량 부족' 때문이에요. 김도 그럴까요? 아니에요. 2024년 김 예상 생산량은 '1.5억 톳'으로, 지난해보다 6%가량 증가세를 보이고 있어요. 그렇다면 대체 김플레이션의 원인은 뭘까요?

가장 큰 요인으로는 수출량 증가를 꼽을 수 있어요. 해외에서 김이 큰 인기를 끌면서 수요가 늘고, 단가*도 높게 책정*되다 보니, 내수*보다 수출을 늘렸기 때문이라는 분석입니다.

실제로 미국과 일본 등을 중심으로 김 수요가 늘면서, 2023년 해외 수출액이 역대 최대 실적인 1조 원을 돌파했어요. 그 덕분에 김은 '검은 반도체'라는 별명을 얻게 됐답니다.

김플레이션을 잠재울 대안은 김 생산량을 늘리는 거예요. 이를 위해 해양수산부는 2024년 12월까지 축구장 3,800개 넓이의 김 양식장을 구축하겠다고 발표했어요. 또한 3년 이내에 연중 생산이 가능한 '육상 양식 기술'을 개발해 국내 김 산업의 새로운 대안을 마련하겠다고 밝혔습니다.

1 다음 문장이 설명하는 단어는 무엇인가요?

'김+인플레이션'의 합성어로, 김값이 지속적으로 오르면서 김밥 등과 같은 관련 제품의 가격도 들썩이는 상황을 말해요.

2 '김 가격 상승'의 가장 큰 요인은 무엇인가요? ( )

① 김 생산량 감소

② 김 양식업자 수 감소

③ 김 유통망 감소

④ 해외 수출량 증가

3 위 기사와 관련된 내용을 읽고 맞으면 O, 틀리면 X를 표기하세요.

· 2024년 김 도매가격은 전년도와 비교해 60%가 올랐다. ( )

· 김을 세는 단위는 '톳'으로 1톳은 김 10장을 뜻한다. ( )

· 김은 엄청난 인기 덕에 '검은 반도체'라는 별명을 얻었다. ( )

문해력 쑥쑥! 어휘사전

★ **단가** | 물건 한 단위의 가격   ★ **내수** | 국내에서의 수요

★ **책정** | 계획이나 방책을 세워 결정함

✎ 본문에 나온 한자어 '단가'를 활용한 예문을 작성해 보세요.

[예시] **단가**(單價: 홑 '단', 값 '가')

이 공책은 **단가**가 얼마예요?

도로 위 '연두색 번호판'의 정체는?

개념 쏙쏙! 낙인★ 효과

과거의 행위나 모습만을 보고 낙인을 찍어 평가하기 시작하면, 평가의 대상이 된 사람은 점점 행동이 위축돼 평소 가진 능력마저도 제대로 발휘하지 못하는 현상을 말해요.

'연두색 간판'으로 법인 자동차 구분해요!

도로 위를 달리는 자동차들 중에서 연두색 번호판을 달고 있는 자동차를 본 적이 있나요? 흰색이나 노란색 번호판이 아닌, 연두색 번호판을 단 차량은 '법인 자동차'로 분류돼요. 회사에서 돈을 내고 구매한 뒤, 회사의 임직원들이 업무를 수행하기 위해 이용하는 '회사 차'라고 볼 수 있죠.

2024년 1월부터, 8천만 원이 넘는 고가의 법인 자동차에는 연두색 번호판을 달아야 하는데요. 그 이유는 세금 혜택을 받아 구입한 법인 자동차를 개인적인 목적으로 사용하는 것을 막기 위해서입니다.

국가는 기업의 활발한 경제 활동을 위해 법인 자동차 구매 시, 세금을 적게 부과해요. 그런데 일부 비양심적인 사람들이 세금 혜택을 받기 위해, 법인 자동차를 구입해 개인 용도로 사용하는 꼼수★를 부리고 있죠. 이는 엄연한 탈세★ 행위에 해당됩니다.

꼼수 잡아낼 강력한 규제 필요해요!

연두색 번호판을 달고 업무 목적이 아닌 곳을 운행할 경우, 사람들의 부정적인 시선을 받을 수 있어요. 그러면 운전자는 양심의 가책★을 느끼게 되고, 회사 차를 개인의 차로 속일 수도 없죠. 이런 현상을 '낙인 효과'라고 합니다. 낙인을 찍듯 타인의 시선을 의식해 부정한 행위를 저지르지 않도록 막는 거예요.

실제로 연두색 번호판이 도입된 직후, 8천만 원 이상의 법인 자동차 신규 등록 건수가 전년도의 같은 기간보다 27.7% 감소했다고 해요.

연두색 번호판 도입은 사회적으로 긍정적인 평가를 받고 있지만, 편법★을 동원해 규제를 피해 가는 사례가 존재하는 만큼, 제도적인 보완이 필요해 보입니다.

1 빈칸에 알맞은 단어를 채워 문장을 완성해 보세요.

　□□ □□　란, 과거의 행위나 모습만을 보고 낙인을 찍어 평가하기 시작하면, 평가의 대상이 된 사람은 점점 행동이 위축돼 평소 가진 능력마저도 제대로 발휘하지 못하는 현상을 말해요.

2 위 기사와 관련된 내용을 읽고 맞으면 O, 틀리면 X를 표기하세요.

　· 모든 종류의 법인 자동차는 연두색 번호판이 달려있다. (　　)
　· 법인 자동차는 회사의 임직원들이 업무 수행을 위해 타는 차다. (　　)

3 다음 문장을 읽고 괄호 안에 알맞은 단어를 골라 동그라미 치세요.

법인이 구매한 자동차는 개인이 구매한 자동차보다 (세금, 벌금)을 적게 부과해요. 이런 세금 감면 혜택을 받기 위해, 일부 비양심적인 사람들이 법인 자동차를 개인 자동차로 사용하는 경우가 있습니다. 이는 엄연한 (사기죄, 탈세) 행위에 해당됩니다.

★ **낙인** | 다시 씻기 어려운 불명예스럽고 욕된 판정이나 평판을 이르는 말

★ **꼼수** | 쩨쩨한 수단이나 방법

★ **탈세** | 납세자가 납세액의 전부 또는 일부를 내지 않는 일

★ **가책** | 자기나 남의 잘못에 대하여 꾸짖어 책망함

★ **편법** | 정상적인 절차를 따르지 않은 간편하고 손쉬운 방법

지질 '낙', 도장 '인'	벗을 '탈', 세금 '세'	꾸짖을 '가', 꾸짖을 '책'	편할 '편', 법 '법'
烙印	脫稅	呵責	便法

💬 본문에 나온 한자어를 소리 내어 읽고 써보세요.

고대 이집트에서 시작된 최초의 '파업'

> **개념 쏙쏙!** 파업
>
> 근로자들이 노동 조건의 유지나 개선을 위해, 자신들이 하던 일을 한꺼번에 중지하는 것을 말해요.

'파업', 헌법이 보장해요!

 기업이 제대로 활동하려면 많은 근로자가 함께 일을 해야 해요. 그런데 종종 뉴스를 통해 기업의 파업 소식을 듣곤 합니다.

 파업은 근로자들이 특정한 목적을 이루기 위해 자신들이 하던 일을 한꺼번에 멈추는 행동인데요. 기업에 비해 힘이 약한 근로자가 집단으로 뭉쳐 원하는 뜻을 강하게 전달하고 협상*하는 힘을 갖추는 일이죠. 그래서 임금 인상 등과 같이 근로자의 근무 환경을 더 좋게 만드는 것이 파업의 목표가 되는 경우가 많아요.

 헌법 33조 제1항에선 근로자가 파업에 나설 권리를 보장하고 있어요. 헌법이 근로자의 파업과 교섭*의 권리를 보장한다는 건, 그만큼 파업의 중요성을 인정한다는 뜻이겠죠? 단, '어떻게 할 것인가'는 세부 법에서 정한 내용을 잘 지켜야 합니다.

파라오 vs 장인, 승자는?

 역사의 기록으로 남아있는 세계 최초의 파업은 약 3,200년 전, 고대 이집트에서 발생했어요. 기원전 1157년 11월, 제20왕조 2대 파라오인 '람세스 3세'의 무덤을 짓던 장인들이 갑자기 일터에 나오지 않았어요. 원인은 임금 체불*이었습니다.

 임금을 받기로 약속한 날이 18일이나 늦어지자, 참다못한 장인들이 파업에 나선 건데요. 요구사항은 당시 월급으로 받았던 빵, 보리, 기름 등을 즉시 지급하는 것이었어요.

 신전에 모여 밤새 시위를 이어가던 이들의 파업은 밀린 임금 중 절반을 받아내면서 일단 마무리됐어요. 파라오를 상대로 투쟁한 장인들의 반쪽 승리였죠. 그러나 이후로도 종종 월급은 미뤄졌고, 그때마다 파업도 반복됐다고 합니다.

기사를 읽고 퀴즈를 풀어보세요!

1 단어에 관한 설명을 토대로, 퍼즐 속에 숨은 어휘를 찾아 동그라미 치세요.

대	파	생	선	조	림
포	업	무	량	헌	신
기	름	장	소	법	발
이	집	트	금	메	달
구	터	미	널	주	말
명	키	가	수	임	금

① 근로자들이 특정한 목적을 이루기 위해 하던 일을 한꺼번에 멈추는 행동 (2자)

② 인류 문명 발상지 가운데 하나로, 역사상 최초의 파업이 시작된 나라 (3자)

③ 법 중에 가장 기본이 되는 법. 국민의 기본적인 권리를 보장하는 내용을 정해 놓은 법이다. (2자)

④ 근로자가 노동의 대가로 받는 보수나 급여 (2자)

문해력 쑥쑥! 어휘사전

★ **협상** | 어떤 목적에 부합되는 결정을 하기 위해 여럿이 서로 의논함

★ **체불** | 마땅히 지급해야 할 것을 지급하지 못하고 미룸

★ **교섭** | 어떤 일을 이루기 위해 서로 의논하고 절충함

✏️ 본문에 나온 한자어 '협상'을 활용한 예문을 작성해 보세요.

[예시] 협상(協商: 화합할 '협', 헤아릴 '상')
이번 **협상**은 이해와 양보가 없이는 결론을 맺기 어려울 것으로 예상된다.

'퀵커머스' 시장이 들썩인다!

> **개념 쏙쏙!** 퀵커머스(Quick Commerce)
>
> 소비자가 주문한 상품을 1시간 내외로 신속히 배달하는 서비스를 말해요. B마트, 우리동네 딜리버리, 컬리나우 등이 대표적이죠.

B마트에서 컬리까지… '퀵커머스'가 뜬다!

코로나 팬데믹을 겪으면서, 사람들의 쇼핑 문화가 많이 달라졌어요. 외부활동을 자제하고, 필요한 물품은 가급적 온라인 쇼핑을 통해 주문하는 '배송 문화'에 익숙해졌죠. 이런 현상은 오늘날 '퀵커머스'의 탄생으로 이어졌습니다.

퀵커머스란, 소비자가 주문한 상품을 1시간 내외로 신속히 배달하는 서비스를 말해요. 하루 혹은 반나절이 걸리는 당일배송이나 새벽배송보다도 훨씬 더 빠른 배송 서비스죠. 배달의민족의 'B마트', GS리테일의 '우리동네 딜리버리', 마켓컬리의 '컬리나우' 등이 대표적입니다.

치열해진 경쟁, 퀵커머스의 미래는?

사실 퀵커머스는 기업 입장에서 쉬운 사업이 아니에요. 빠른 배송을 위해 동네마다 물류센터*가 있어야 하고, 배달 기사도 많이 필요하거든요. 즉, 들어가는 비용이 매우 많다는 뜻이죠. 그래서 퀵커머스 기업들은 편의점, 프랜차이즈 가맹점과의 협업 등과 같은 다양한 전략을 통해 해법을 찾고 있답니다.

다른 한편에선 퀵커머스가 골목상권*을 위협할 수 있다는 지적도 나오고 있어요. 화장품부터 식재료, 생활용품까지 다양한 상품을 빠르게 배송하다보니, 개인이 운영하는 상점들이 살아남기 힘들어질 수 있다는 우려 때문이죠.

이러한 문제점들이 제기*되고 있음에도 불구하고, 많은 유통업체가 퀵커머스 시장에 발을 들이고 있어요. 그만큼 수요가 많기 때문입니다. 2025년 퀵커머스 시장 규모가 5조 원을 넘을 것이란 예측이 나올 정도로, 빠르게 성장하고 있는 퀵커머스 시장의 미래는 어떤 모습일지, 궁금해집니다.

1 다음 문장이 설명하는 단어는 무엇인가요?

소비자가 주문한 상품을 1시간 내외로 신속히 배달하는 서비스로, 배달의민족 'B마트', GS리테일 '우리동네 딜리버리', 마켓컬리 '컬리나우' 등이 대표적입니다.

[   ]

2 위 기사와 관련된 내용을 읽고 맞으면 O, 틀리면 X를 표기하세요.

· 코로나 팬데믹으로 정착된 배송 문화는 퀵커머스의 탄생으로 이어졌다. (   )
· 퀵커머스 기업을 운영하려면 배달기사가 많이 필요하지 않다. (   )
· 2025년 퀵커머스 시장 규모가 5조 원을 넘을 거란 예측이 나오고 있다. (   )

3 많은 유통업체들이 퀵커머스 시장에 발을 들이는 이유는 무엇인가요? (   )

① 운영비용이 적게 들어서
② 수요가 많아서
③ 정부의 지원을 받아서
④ 골목상권에 피해를 주지 않아서

문해력 쑥쑥! 어휘사전

★ **물류센터** | 물류를 보관, 포장, 배분, 배송하기 위한 시설

★ **제기** | 의견이나 문제 따위를 논의의 대상으로 내어놓음

★ **골목상권** | 주택가의 골목 따위에 위치한 소형 슈퍼마켓이나 재래시장의 세력이 미치는 범위

물건 '**물**', 흐를 '**류**'	장사 '**상**', 우리 '**권**'	끌 '**제**', 일어날 '**기**'
物流	商圈	提起

💬 본문에 나온 한자어를 소리 내어 읽고 써보세요.

생각을 뒤집는 청개구리 전략 '역발상 마케팅'

개념 쏙쏙! **역발상 마케팅**

틀에 박힌 고정관념에서 벗어나, 상상력과 창의력을 바탕으로 새로운 시도를 하는 마케팅을 말해요.

한여름에 '겨울 옷' 파는 이유는?

보통 여름에는 선풍기, 에어컨, 아이스크림 등의 판매량이 늘고, 겨울에는 패딩점퍼, 온수매트, 손난로 등이 많이 팔려요. 날씨에 따른 자연스러운 변화죠. 그런데 최근 한 홈쇼핑이 무더운 여름철에 두꺼운 겨울 의류를 싼 가격에 판매하며 화제가 됐습니다. 대체 그 이유가 뭘까요?

계절에 맞춰 출시한 물건들이 다 팔리면 좋겠지만, 그렇지 않으면 모두 재고*가 됩니다. 재고로 쌓인 물건들은 내년이 될 때까지 어딘가에 보관해야 해요. 그러려면 창고를 빌리는 임대료, 물건을 관리할 인건비* 등의 비용이 들어가죠. 게다가 내년에는 신제품이 나올 테니, 더욱 처리하기 곤란해집니다.

그래서 기업은 비용 부담을 덜기 위해 '초여름, 겨울옷 판매'와 같이 파격적인 방법으로 재고를 털어내는 마케팅을 펼쳐요. 이처럼, 기존에 우리가 갖고 있던 생각의 틀을 뒤집는 '발상*의 전환'으로 제품을 판매하는 전략을 '역발상 마케팅'이라고 합니다.

바나나는 원래 흰색이었어!

▲ [출처=maeil.com]

역발상 마케팅은 수많은 선택지 중, '재미' 요소를 통해 자사의 상품을 소비자의 눈에 띄게 한다는 강점이 있어요. 소비자가 신선한 재미를 느끼고, 상품에 긍정적인 반응을 보이면 성공으로 이어지죠.

역발상 마케팅의 성공 사례 중 하나로 매일유업의 '바나나는 원래 하얗다'를 들 수 있어요. 우리가 생각하는 바나나우유는 노란색이에요. 그런데 매일유업은 '바나나는 원래 하얗다'라는 이름의 하얀색 바나나 우유를 선보였어요. 생각해 보면 노란색은 바나나의 껍질색이고, 우리가 먹는 바나나 속은 하얀색이잖아요. 한마디로 본질*을 꿰뚫은 거죠.

1 다음 중, '역발상 마케팅'을 설명하는 내용으로 맞는 것을 모두 고르세요. (   )

① 고정관념을 뒤집는 새로운 시도가 필요해요.

② 원래 가격보다 비싸게 판매해요.

③ 소비자에게 불쾌감을 주기도 해요.

④ 재고를 털기 위한 목적으로 활용돼요.

2 다음 문장을 읽고 괄호 안에 알맞은 단어를 골라 동그라미 치세요.

역발상 마케팅은 수많은 선택지 중 (공포, 재미) 요소를 통해 자사의 상품을 소비자의 눈에 띄게 한다는 강점이 있어요. 소비자가 신선한 재미를 느끼고, 상품에 긍정적인 반응을 보이면 성공하는 거죠.

3 매일유업의 '바나나는 원래 하얗다' 사례처럼, 역발상 마케팅으로 소비자에게 긍정적인 반응을 얻은 사례를 찾아 적어보세요.

★ 재고 | 새로 만든 것이 아닌, 팔다가 남아서 창고에 쌓아 놓은 물건

★ 인건비 | 사람을 부리는 데에 드는 비용

★ 발상 | 어떤 생각을 해 냄. 또는 그 생각

★ 본질 | 본래 가지고 있는 사물 자체의 성질이나 모습

✏ 본문에 나온 한자어 '발상'을 활용한 예문을 작성해 보세요.

예시 발상(發想: 필 '발', 생각 '상')
그런 뻔한 **발상**은 더 이상 도움이 되지 않는다.

우리 회사에 투자하세요! '크라우드 펀딩'

개념 쏙쏙! 크라우드 펀딩(Crowd funding)

군중이라는 뜻의 '크라우드(crowd)'와 자금조달*이란 뜻의 '펀딩(funding)'이 합쳐진 말로, '대중으로부터 사업에 필요한 자금을 모으는 일'을 뜻해요. 형태에 따라서 대출형, 증권형, 후원형, 기부형 4가지로 나뉩니다.

'크라우드 펀딩'이 뭐야?

사업을 하려면 자본이 필요해요. 사업자는 자본으로 공장이나 사무실을 마련하고, 생산에 필요한 설비와 재료를 구매합니다. 직원도 고용*하고요.

돈이 부족할 경우, 금융기관에서 대출이나 투자를 받을 수도 있지만, 새로 사업을 시작하는 작은 규모의 회사들은 대부분 신용*이 낮아서 대출이나 투자를 받기 힘들어요. 그래서 '크라우드 펀딩'을 통해 자금을 마련하기도 합니다.

사업자는 크라우드 펀딩을 통해 필요한 목표 금액을 정하고, 대중에게 사업 내용을 열심히 알려요. 사업에 관심이 생긴 사람들이 조금씩 돈을 투자해 목표 금액이 다 모이면, 사업자는 계획했던 사업을 진행해 나갈 수 있게 되죠. 요즘은 온라인에서 이루어지는 크라우드 펀딩이 활발해지는 추세*랍니다.

크라우드 펀딩 '4가지'로 구분해요!

크라우드 펀딩은 형태에 따라 4가지로 나뉘어요. 목표 금액을 달성해 사업을 시작하게 되면, 투자자에게 이자를 지급하거나 수익을 나눠주는 '대출형'과 '증권형'이 있고요. 신제품 출시나, 공연·전시·영화 제작을 위한 후원금을 모을 때 사용되는 '후원형'은 목표 금액 달성 시, 보상으로 완성된 신제품이나 관람권을 보내줍니다.

마지막으로 어려운 이웃을 위해 기부금을 모으는 '기부형'은 수익이나 혜택을 기대하기보다는, 사회에 이바지하는 것에 뜻을 두고 펀딩에 참여하는 형태라고 볼 수 있죠.

기사를 읽고 퀴즈를 풀어보세요!

1 빈칸에 알맞은 단어를 채워 문장을 완성해 보세요.

군중이라는 뜻의 '크라우드(crowd)'와 자금조달이란 뜻의 '펀딩(funding)'이 합쳐
진 단어 ☐☐☐☐ ☐☐ 은 '대중으로부터 사업에 필요한 자금을 모
으는 일'을 뜻하는 말이에요.

2 위 기사와 관련된 내용을 읽고 맞으면 O, 틀리면 X를 표기하세요.

· 작은 규모의 회사들은 대출이나 투자를 받기 매우 쉽다. (　　)
· 온라인상에서 이루어지는 크라우드 펀딩이 점차 활발해지는 추세다. (　　)

3 크라우드 펀딩의 4가지 형태에 해당하지 않는 것은 무엇일까요? (　　)

① 대출형　　② 후원형　　③ 보험형　　④ 기부형

문해력 쑥쑥! 어휘사전

★ **조달** | 자금이나 물자 따위를 대어 줌

★ **고용** | 돈을 주고 사람을 부림

★ **신용** | 상품이나 물품 거래 시, 그 대가를 지급할 수 있는 능력

★ **추세** | 어떤 현상이 일정한 방향으로 나아가는 경향

✎ 본문에 나온 한자어 '고용'을 활용한 예문을 작성해 보세요.

예시 고용(雇用: 품 팔 '고', 쓸 '용')
식당 주인이 새로운 직원을 **고용**했다.

명량해전에 담긴 경제 원리 '효용 극대화'

> **개념 쏙쏙!** 효용 극대화
>
> 자신이 가진 자원으로, 여러 가지 선택지 중 가장 만족감이 높은 것을 선택하는 것을 말해요.

합리적 결정의 기준 '효용'

살면서 내가 원하는 모든 것을 가질 수는 없어요. 시간, 노력, 비용 등 모든 자원에는 한계가 있기 때문이죠. 그래서 우리는 매일 '언제', '무엇을', '얼마나' 할지 결정을 내리며 살아갑니다. 그렇다면, 이런 결정을 내리는 '기준'은 무엇일까요?

경제학자들은 소비자가 '자신이 가진 자원을 최대한 활용하려는 노력'에 따라 결정을 내린다고 보고 있어요. 그 기준으로 '효용'을 꼽습니다. 무언가를 소비함으로써 얻는 즐거움이나 만족도를 따져보는 거죠.

사람들은 자신이 가진 자원(돈, 시간, 물건 등)으로 가장 큰 효용을 얻고 싶어 해요. 여러 가지 선택지 중 가장 만족감이 높은 것을 선택하는 건데요. 이를 '효용 극대화'라고 합니다.

13척의 배로 이루어낸 '효용 극대화'

단 13척의 배로 10배가 넘는 133척의 왜선*을 침몰시킨 '명량해전'을 알고 있을 거예요. 이 전쟁에서 이순신 장군은 한정된 자원(배 13척)으로 전투에서 승리하고 나라를 지키는 '효용 극대화'를 이루기 위해 치밀한 전략을 세웁니다.

배 위에서의 식사가 수월하도록 군사들을 위한 '전투 식량*'을 개발하고, 전투에서 조선 군인의 주력 무기인 활을 최대한 활용했어요. 특히 전쟁터인 명량해협 울돌목의 거칠고 불규칙한 조류*를 활용한 전술은 승리의 중요한 요인이 됐습니다.

이처럼 이순신 장군은 군이 보유한 자원을 최대한 활용해, 가장 효과적인 결과를 얻으려 했어요. 그리고 그 전략이 명량해전의 기적을 만들어낸 것이죠.

기사를 읽고 퀴즈를 풀어보세요!

1 다음 문장을 읽고 괄호 안에 알맞은 단어를 골라 동그라미 치세요.

사람들은 자신이 가진 자원으로 가장 큰 (효용, 수익)을 얻고 싶어 해요. 여러 가지 선택지 중 가장 만족감이 높은 것을 선택하는 건데요. 이를 (합리적 선택, 효용 극대화)라고 합니다.

2 명량해전에서 효용의 극대화를 위해 세운 전략이 아닌 것은 무엇인가요? ( )

① 군사들을 위한 전투식량을 개발했다.

② 조선 군인의 주력 무기인 활을 최대한 활용했다.

③ 이웃 나라에 도움을 요청했다.

④ 명량해협 울돌목의 거칠고 불규칙한 조류를 활용했다.

3 용돈 1만 원이 생겼어요. 이 돈으로 구매하고 싶은 세 가지를 적어보고, 그중에서 가장 효용이 큰 것이 무엇인지 꼽아보세요.

① --

② --

③ --

문해력 쑥쑥! 어휘사전

★ 왜선 | 일본 배

★ 전투식량 | 군인들이 간편하게 지니고 다니거나 먹을 수 있도록 만든 식량

★ 조류 | 밀물과 썰물 때문에 일어나는 바닷물의 흐름

왜나라 '왜', 배 '선'	싸움 '전', 싸울 '투', 밥 '식', 양식 '량'	밀물 '조', 흐를 '류'
倭船	戰鬪食糧	潮流

💬 본문에 나온 한자어를 소리 내어 읽고 써보세요.

초고령 사회, '액티브 시니어'를 공략하라!

> **개념 쏙쏙!** 액티브 시니어(Active Senior)
>
> 직장에서 은퇴한 뒤, 연금*을 기반으로 생활하는 55세 이상의 세대인 '실버 세대'와는 달리, 경제력을 바탕으로 적극적인 사회활동과 소비생활을 하는 50~60대 이상의 세대를 말해요.

소비시장의 큰손 '액티브 시니어'

기업들은 여러 연령대의 소비자 가운데, 타깃* 고객이 될 소비자층을 찾아 끊임없는 분석에 나서고 있어요. 현대사회에 접어들면서 고령인구의 증가로, 장년층 이상의 소비자 비율이 증가하는 추세를 보이고 있는데요. 한 조사에 따르면 2025년이 되면, 우리나라의 65세 이상 노인인구가 전체 연령의 20%를 넘어서고, 2070년이 되면 2명 중 1명은 65세 이상의 고령자가 되는 '초고령 사회'가 될 것으로 전망하고 있어요. 이는 오늘날 시니어* 세대를 겨냥한 산업의 발달로 이어지고 있죠.

최근에는 초고령 사회를 이끌어갈 소비시장의 중심축으로 '액티브 시니어'가 떠오르고 있어요.

액티브 시니어의 활약을 기대해!

액티브 시니어의 가장 큰 특징은 시간적인 여유와 경제적인 여유를 모두 갖고 있다는 점이에요. 또한 이들은 MZ세대와 비슷한 생활방식을 보이는데요. 나를 위한 투자와 소비를 즐기고, 특정한 가치를 중요하게 생각하며, SNS를 적극적으로 활용합니다.

액티브 시니어는 '내가 좋아하는 것'을 누구보다 적극적으로 소비해요. 가수 임영웅의 노래가 음원차트 상위권을 차지하고, 콘서트 티켓이 1분 만에 매진되는 것에서 볼 수 있듯이, 취미 생활과 문화 소비에 적극적으로 참여하면서, 팬덤 문화의 주역으로 활약 중이죠.

소비시장의 중심축으로 당당히 자리매김한 액티브 시니어의 활약을 기대해 볼게요.

기사를 읽고 퀴즈를 풀어보세요!

1 빈칸에 알맞은 단어를 채워 문장을 완성해 보세요

☐☐☐☐ ☐☐☐☐ 란, 직장에서 은퇴한 뒤, 연금을 기반으로 생활하는
55세 이상의 세대인 실버 세대와는 달리, 경제력을 바탕으로 적극적인 사회활동과
소비생활을 하는 50~60대 이상의 세대를 말해요.

2 위 기사와 관련된 내용을 읽고 맞으면 O, 틀리면 X를 표기하세요.

· 현대사회에 접어들면서 고령인구의 증가로, 장년층 이상의 소비자 비율이 증가하
  는 추세를 보이고 있다. (   )
· 액티브 시니어는 연금을 기반으로 생활해 경제적인 여유가 없다. (   )
· 액티브 시니어는 SNS를 적극적으로 활용할 줄 안다. (   )

3 다음 문장을 읽고 괄호 안에 알맞은 단어를 골라 동그라미 치세요.

액티브 시니어는 취미 생활과 문화 소비에 적극적으로 참여하면서 (전통, 팬덤)
문화의 주역으로 활약 중입니다.

문해력 쑥쑥! 어휘사전

★ **연금** | 경제 활동을 통해 소득을 벌기 힘든   ★ **시니어** | (Senior) 나이가 많은 연장자 또는
  노후 생활을 위해 경제 활동기간   손윗사람
  동안 벌어들인 소득의 일부를 적립
  하는 제도

★ **타깃** | (Target) 어떤 일의 목표나 공격의
  대상

✎ 본문에 나온 한자어 '연금'을 활용한 예문을 작성해 보세요.

[예시] 연금(年金: 해 '연', 쇠 '금')
  할아버지는 퇴직 후 **연금**으로 생활하고 계신다.

실시간 가격이 들쭉날쭉 '다이내믹 프라이싱'

개념 쏙쏙! 다이내믹 프라이싱(Dynamic Pricing)

재화*의 가격을 일률적으로 정하지 않고, 인공지능을 활용해 상황에 따라 가격을 높이거나 낮춰, 시장 경쟁력을 키우는 기업의 가격 결정 방식을 말해요.

가격이 시시각각 요동친다!

온라인 쇼핑몰을 이용하면서, 장바구니에 담아둔 물건 가격이 몇 시간 사이에 뒤바뀐다면 어떨 것 같나요? 짧게는 몇 분 사이에도 가격이 오르락내리락하는 이런 현상을 '다이내믹 프라이싱'이라고 합니다. 우리말로는 '유동* 가격제' 또는 '변동 가격제'로 불리는데요. 제품

이나 서비스의 가격이 고정돼 있지 않고, 수요와 공급, 경쟁업체의 가격 등과 같은 여러 가지 시장 상황에 따라, 실시간으로 가격을 바꾸는 전략을 뜻하죠.

좀 더 쉽게 설명해 볼게요. 기업의 관점에서 생각해 봐요. 쇼핑하는 사람이 줄어드는 늦은 밤이나 새벽 시간에는 고객 쟁탈전이 벌어져요. 때문에 낮 시간대보다 가격을 낮춰서, 고객이 물건을 구매하는 확률을 높이게끔 유도하는 것입니다.

구매 선택권 다양해 vs 손품 팔기 피로해

다이내믹 프라이싱을 소비자가 잘만 이용하면, 보다 저렴한 가격으로 물건을 구매할 수 있어요. 또한 같은 업체의 동일한 상품이라도, 판매하는 쇼핑몰에 따라 가격과 혜택이 모두 다를 수 있으므로, 소비자에게는 다양한 선택권이 생기죠.

반면, 다이내믹 프라이싱이 소비자의 피로감을 더한다는 의견도 있어요. 좀 더 저렴한 가격을 찾기 위해 열심히 손품을 팔아야 하니까요. 또 같은 상품을 누군가는 싸게, 누군가는 비싸게 구매하게 돼서, 소비자가 '손해를 봤다.'라고 생각할 수도 있고요.

전문가들은 인공지능의 발달로 인해, 향후 다이내믹 프라이싱를 도입하는 기업들이 기하급수적*으로 늘어날 것으로 전망하고 있습니다.

1 빈칸에 알맞은 단어를 채워 문장을 완성해 보세요.

인공지능을 활용해 재화의 가격을 일률적으로 정하지 않고, 상황에 따라 가격을 높이거나 낮춰, 시장 경쟁력을 키우는 기업의 가격 결정 방식을 ☐☐ ☐☐☐☐☐ 이라고 합니다.

2 '다이내믹 프라이싱'에 관한 내용으로, 맞으면 O, 틀리면 X를 표기하세요.

· 우리말로 '유동 가격제', 또는 '변동 가격제'로 표현한다. (　　)

· 소비자에게 다양한 가격과 혜택을 비교해 구매할 수 있는 선택권을 준다. (　　)

3 전문가들은 '이것'으로 인해 향후 다이내믹 프라이싱을 도입하는 기업이 늘어날 것이라고 전망하는데요. 이것은 무엇인가요?

☐☐☐☐☐☐☐☐☐

문해력 쑥쑥! 어휘사전

★ 재화 | 사람이 바라는 바를 충족시켜 주는 모든 물건

★ 기하급수적 | 증가하는 수나 양이 매우 많은 것

★ 유동 | 이리저리 자주 옮겨 다님

✎ 본문에 나온 한자어 '유동'을 활용한 예문을 작성해 보세요.

예시　유동(流動: 흐를 '유', 움직일 '동')
우리 지역은 **유동** 인구가 많다.

통 큰 할인? 경제 폭격! '덤핑'

개념 쏙쏙! 덤핑(Dumping)

기업이 생산원가 이하 또는 정상가격 이하로 상품을 판매하는 행위를 말해요. 손실을 감수하면서까지 저렴한 가격으로 판매하는 것이죠.

'폭탄 할인' 좋은 거 아닌가요?

'중국 덤핑 공세에 철강 수출 2년간 역주행', '중국, 유럽에 반덤핑 맞불' 등과 같이 국제 무역 관련 언론보도를 통해 자주 언급되는 단어가 바로 '덤핑'입니다. 덤핑은 상품을 정상 가격보다 훨씬 싸게 판매하는 것을 말해요. 시장 점유율을 늘리거나, 경쟁업체를 견제하기 위해, 또는 과잉* 생산품의 재고 처리 등과 같은 다양한 목적으로 활용되죠.

덤핑 수입은 '대폭 할인된 가격으로 수입하는 것'을 말하는데요. 수입 가격이 싸지면 당장은 소비자에게 이득일 수 있지만, '산업'의 관점에서 살펴보면 이야기가 달라집니다. 예를 들어 중국에서 값이 싼 철강이 계속 수입될 경우, 가격 경쟁에서 밀린 국산 철강은 손해를 보게 돼요. 이런 상황이 오래 지속되면, 국내 철강 산업이 완전히 붕괴될 수도 있죠.

이처럼 덤핑은 수입국 내의 시장 질서를 혼란스럽게 한다는 점에서 '불공정 무역 행위'로 간주*되고 있습니다.

무차별 덤핑 막는 '반덤핑'

그렇다면, 수입국은 덤핑에 대해 어떻게 대응할까요? 정상가격 이하의 수입품들이 국내 산업에 큰 피해를 줄 수 있는 만큼, 덤핑된 제품에 세금을 더 많이 매겨서 가격을 조정해요. 이러한 조치를 반덤핑(Anti-Dumping)이라고 합니다.

반덤핑 조치는 1904년 캐나다에서 처음 실시한 이후, 오늘날까지 세계 대부분의 나라들이 자국의 산업보호 수단으로 이용하고 있는데요. 덤핑으로 인한 국내 산업의 피해를 줄이는 것이 근본적인 목적이므로, 목적이 달성되면 철회*하는 것을 원칙으로 합니다.

기사를 읽고 퀴즈를 풀어보세요!

1 다음 문장이 설명하는 단어는 무엇인가요?

기업이 생산원가 이하 또는 정상가격 이하로 상품을 판매하는 행위로, 손실을 감수
하면서까지 저렴한 가격으로 판매하는 것을 말해요.

---

2 다음 내용을 읽고 맞으면 O, 틀리면 X를 표기하세요.

· 중국에서 값이 싼 철강이 계속 수입될 경우, 국내 철강 산업이 완전히 붕괴될 수
도 있다. (   )
· 덤핑은 수입국 내의 시장 질서를 안정적으로 유지시킨다. (   )

3 다음 문장을 읽고 괄호 안에 알맞은 단어를 골라 동그라미 치세요.

반덤핑 조치는 1904년 캐나다에서 처음 실시한 이후, 오늘날까지 세계 대부분의
나라들이 자국의 산업 (보호, 공격)의 수단으로 이용하고 있는데요. 덤핑으로
인한 국내 산업의 피해를 줄이는 것이 근본적인 목적이므로, 목적이 달성되면
(유지, 철회)하는 것을 원칙으로 합니다.

문해력 쑥쑥! 어휘사전

★ **과잉** | 예정하거나 필요한 수량보다 많아
　　남음

★ **간주** | 상태, 모양, 성질 따위가 그와 같다고
　　봄. 또는 그렇다고 여김

★ **철회** | 이미 제출하였던 것이나 주장했던
　　것을 다시 회수하거나 번복함

지날 '**과**', 남을 '**잉**'	볼 '**간**', 지을 '**주**'	거둘 '**철**', 돌아올 '**회**'
過剩	看做	撤回

💬 본문에 나온 한자어를 소리 내어 읽고 써보세요.

'세금 내는 이유'도 가지각색!

> **개념 쏙쏙!** 세금
>
> 국가가 국민에게 거둬들이는 돈으로, 국민을 위한 살림 운영에 사용돼요.

세금, 왜 내야 하나요?

　세금은 국가가 국민에게서 거둬들이는 돈을 말해요. 정부와 지방자치단체는 국민이 낸 세금으로 학교, 도로, 다리를 건설하거나, 어려운 이들을 돕는 등 국민을 위한 살림 운영에 사용하죠. 세금을 내는 것을 '납세'라고 하는데요. 납세는 헌법이 정한 국민의 의무입니다.

중고 거래해도 세금 낸다고?

　우리가 내는 세금의 종류는 다양해요. 일하고 얻은 소득에 대해 내는 '소득세', 집이나 건물 등 재산에 대해 내는 '재산세', 물건을 살 때 내는 '부가가치세' 등이 있죠. 그런데 최근, 국세청이 중고 거래를 한 일부 판매자의 판매 수익에 대해 '종합소득세*'를 부과*해 이슈가 됐습니다.

　그럼 앞으로는 중고 거래를 할 때마다 세금을 내야 하냐고요? 그건 아니에요. 이번에 국세청이 세금을 부과한 이들은 중고거래가 잦고, 거래를 통해 일정한 금액 이상을 벌어들인 경우인데요. 이들은 사실상 사업을 하고 있는 것으로 판단돼 세금을 내게 한 거예요. 적은 금액으로 가끔 중고 거래를 하는 일반적인 상황에는 세금이 매겨지지 않으니 걱정하지 말아요.

혹시 이런 세금 들어봤어?

　그런가 하면, 세계 곳곳에는 독특한 세금들이 존재해요. 베네수엘라의 한 공항은 승객들에게 20달러의 '호흡세'를 부과하는데요. 오염물질을 배출하고 깨끗한 공기를 주입하는 '공기정화 서비스'에 대한 이용료라고 합니다.

　아일랜드에서는 소를 키우는 농가에게 소 한 마리당 18달러의 '방귀세'를 부과해요. 소의 방귀와 트림으로 생겨나는 메탄가스*가 지구온난화의 큰 원인으로 지목되자, 환경보호를 위해 세금을 매기기로 한 거죠.

1 다음 문장을 읽고 괄호 안에 알맞은 단어를 골라 동그라미 치세요.

세금은 (기업, 국가)가 국민에게 거둬들이는 돈을 말해요. 국민이 낸 세금으로 학교, 도로, 다리를 건설하거나, 어려운 사람을 돕는 등 (국민, 공공기관)을 위한 살림 운영에 사용하죠.

2 다음 중, '물건을 살 때 내는 세금'으로 알맞은 것은 무엇일까요? (   )

① 부가가치세

② 소득세

③ 재산세

④ 호흡세

3 빈칸에 알맞은 단어를 채워 문장을 완성해 보세요.

아일랜드에서는 소를 키우는 농가에게 소 한 마리당 18달러의 ☐☐☐ 를 부과해요. 소의 방귀와 트림으로 생겨나는 ☐☐☐☐ 가 지구온난화의 큰 원인으로 지목되면서, 환경보호를 위해 세금을 매기기로 결정한 것입니다.

문해력 쑥쑥! 어휘사전

★ **종합소득세** | 한 해 동안 경제활동으로 얻은 수익에 대해 내는 세금

★ **부과** | 세금이나 부담금 따위를 매겨 부담 하게 함

★ **메탄가스** | (Methane Gas) 탄계 탄화수 소 가운데 구조가 가장 간단한 물질. 색도 냄새도 없고, 물에 녹 지 않으며, 공기 속에서 불을 붙 이면 파란 불꽃을 내면서 탄다.

✏ 본문에 나온 한자어 '부과'를 활용한 예문을 작성해 보세요.

예시 부과(賦課: 부세 '부', 공부할 '과')
교통신호를 어기면 범칙금을 **부과**해야 한다.

불황에도 잘 팔리는 '스몰 럭셔리'

> **개념 쏙쏙!** **스몰 럭셔리(Small Luxury)**
>
> 비교적 저렴한 가격으로 고급스러움을 경험할 수 있는 상품이나 서비스를 말해요. 큰 비용을 쓰지 않고도 일상의 작은 행복을 더하는 소비 방식입니다.

줄 서도 못 먹는 '13만 원 빙수'

각종 경제지표가 불황*을 가리키는 요즘, 지출을 줄이기 위해 하루 동안 1원도 쓰지 않는 '무지출 챌린지'를 실천하거나, '편의점 도시락' 등과 같은 값싼 메뉴로 끼니를 때우는 사람들이 늘고 있어요. 그런데 한편에서는 이와 정반대인 소비 현상이 확산되고 있습니다.

매년 여름이면, 서울의 한 호텔에서는 '애플망고 빙수'가 불티나게 팔려요. 국내에서 가장 비싼 이 빙수의 가격은 무려 13만 원. 12만 7천 원이던 작년보다 가격이 더 올랐죠. 이런 어마어마한 금액에도 불구하고, 예약 없이는 맛볼 수 없을 만큼 인기가 높다고 해요.

그런가 하면 백화점 고급 화장품·향수의 매출*도 늘고 있어요. 2024년 4월 말을 기준으로, 백화점의 고급 화장품·향수 매출은 지난해 같은 기간보다 현대백화점 31%, 롯데백화점 25%, 신세계백화점 9%씩 각각 증가했죠.

가격 부담 적은 '작은 사치' 해볼까?

고급 화장품과 향수, 호텔 빙수처럼 일반 상품에 비해 상대적으로 가격이 높지만, 명품보다 싸고 소비자의 사치 욕구를 채워주는 상품을 '스몰 럭셔리'라고 해요. 특히 20~30대 젊은 세대에서 스몰 럭셔리 소비가 두드러지는 현상을 보이고 있답니다.

스몰 럭셔리 상품은 고가의 명품에 비해 가격 부담이 적어요. 동시에 '좋은 상품을 쓰고, 좋은 음식을 먹는다.'라는 만족감은 큽니다. 한 마디로 가심비*가 높다는 뜻이죠.

돈을 모아, 내가 좋아하는 것에 투자하는 건 잘못된 소비가 아니에요. 하지만 작은 사치가 계속 쌓이다 보면, 자칫 과소비로 이어질 수 있으니, 적당한 관리와 절제가 필요합니다.

1 빈칸에 알맞은 단어를 채워 문장을 완성해 보세요.

비교적 저렴한 가격으로 소비자들이 고급스러움을 경험할 수 있는 상품이나 서비

스를 ⬚⬚ ⬚⬚⬚ 라고 해요. 특히 20~30대 젊은 세대의 소비가 두

드러집니다.

2 다음 내용을 읽고 맞으면 O, 틀리면 X를 표기하세요.

· 백화점에서 팔리는 고급 화장품과 향수 매출이 지난해보다 많이 줄었다. (　　)

· 스몰 럭셔리 상품이 인기를 얻는 이유는 '가심비'가 높기 때문이다. (　　)

3 여러분이 경험했거나, 또는 경험하고 싶은 '작은 사치'가 있다면, 어떤 것인지 머릿속에
떠올려 적어보세요.

문해력 쑥쑥! 어휘사전

★ **불황** | 경제 활동이 일반적으로 침체되는
　　상태

★ **가심비** | '가격 대비 심리적 만족의 비율'을
　　줄여 이르는 말

★ **매출** | 제품이나 상품 등을 판매하고 얻은
　　대가

아닐 '불', 상황 '황'	팔 '매', 날 '출'	값 '가', 마음 '심', 견줄 '비'
不況	賣出	價心比

💬 본문에 나온 한자어를 소리 내어 읽고 써보세요.

나무 그늘과 '외부 효과'

나무 그늘을 산 총각

어느 더운 여름날. 욕심쟁이 부자 영감이 집 앞에 있는 커다란 나무 그늘 아래서 쉬고 있었어요. 그때 근처를 지나던 한 총각이 더위를 식히기 위해 잠시 그늘로 들어왔죠. 그러자 영감은 나무 그늘이 자신의 것이라며 총각을 매몰차게 내쫓았어요. 이에 총각은 영감에게 돈을 내고 나무 그늘을 사기로 합니다.

그날 오후, 총각은 해가 저물면서 길어진 나무 그늘을 따라 영감의 집 마당과 안방까지 들어갔어요. 다음 날부터는 매일 마을 사람들을 그늘로 불러 잔치를 열고, 부자 영감의 집을 마음대로 드나들었죠.

결국 욕심쟁이 영감은 마을을 떠나고, 총각은 나무 그늘을 모두의 쉼터로 만들었답니다.

긍정적·부정적 '외부 효과'

개인이나 기업 등 하나의 경제 주체가 행하는 활동이 그와 관련 없는 사람들에게 영향을 미치는 것을 '외부 효과'라고 해요. 누군가의 행동이 다른 사람이나 사회에 손해, 또는 혜택을 주는 상황에서 사용되는 용어인데요. 손해를 입히는 경우를 '부정적 외부 효과', 혜택을 줄 경우를 '긍정적 외부 효과'라고 합니다.

다시 동화 속 내용을 살펴볼까요? 그늘을 독점*한 욕심쟁이 영감이 혼자 나무 그늘을 독차지하기 위해, 다른 사람을 내쫓은 것은 부정적인 외부 효과로 볼 수 있어요.

반면에 욕심쟁이 영감에게서 나무 그늘을 산 총각이, 시원한 그늘을 마을 사람들과 공유하며 더위를 식힌 것은 '긍정적인 외부 효과'라고 볼 수 있습니다.

기사를 읽고 퀴즈를 풀어보세요!

1 빈칸에 알맞은 단어를 채워 문장을 완성해 보세요.

개인, 기업 등 어떤 경제 주체의 활동이, 그와 관련 없는 사람들에게 혜택이나 손해 등의 영향을 미치는 것을 ☐☐ ☐☐ 라고 합니다.

2 위 기사와 관련된 내용을 읽고 맞으면 O, 틀리면 X를 표기하세요.

· 그늘을 독차지한 욕심쟁이 영감이 총각을 내쫓은 것은 '긍정적인 외부 효과'라고 볼 수 있다. (　　)

· 욕심쟁이 영감에게서 나무 그늘을 산 총각이, 시원한 그늘을 마을 사람들과 나누며 더위를 식힌 것은 '부정적인 외부 효과'라고 볼 수 있다. (　　)

3 우리 주변에서 볼 수 있는 긍정적인 외부 효과와 부정적인 외부 효과는 무엇인지 조사해 적어보세요.

문해력 쑥쑥! 어휘사전

★ 경제 주체 | 자기의 의지와 판단에 의해 경제 활동을 행하는 개인이나 기업, 정부

★ 독점 | 개인이나 어떤 단체가 생산과 시장을 지배해 이익을 독차지함

✎ 본문에 나온 한자어 '독점'을 활용한 예문을 작성해 보세요.

예시　독점(獨占: 홀로 '독', 점령할 '점')
보통 막내가 부모의 사랑을 **독점**하는 경우가 많다.

'빅맥' 상표 잃은 유럽 맥도날드

> **개념 쏙쏙!** **상표권**
>
> 특허청에 등록한 상표를 지정 상품*에 독점적으로 사용할 수 있는 권리를 말해요. 만약 타인이 나와 똑같거나 비슷한 상표를 사용한다면 사용 금지를 요청할 수도 있습니다.

빅맥 독점은 불공평해!

 재료를 층층이 쌓아 올린 푸짐한 햄버거 '빅맥'은 세계적인 패스트푸드 체인점 맥도날드의 대표 메뉴입니다. 그런데 앞으로는 유럽에서 '빅맥'이라는 메뉴를 판매할지도 몰라요. 맥도날드가 빅맥의 '상표권'을 잃었기 때문이에요.

 맥도날드는 다른 기업이 함부로 '빅맥'이라는 이름을 사용할 수 없게, 세계 각국에 빅맥의 상표를 등록했어요. 그런데 '슈퍼맥'이라는 프랜차이즈와 만나면서 상표권을 둘러싼 갈등이 불거졌어요.

 슈퍼맥은 1978년부터 영업을 시작해, 아일랜드에서만 100개가 넘는 매장을 운영하는 햄버거 프랜차이즈예요. 2015년에는 유럽 전역으로 사업을 넓히기 위해 유럽연합(EU)에 '슈퍼맥' 상표를 등록하려고 했죠.

 그런데 이때, 맥도날드가 제동*을 걸었어요. '슈퍼맥'이라는 이름이 '빅맥'과 비슷해, 소비자를 혼란스럽게 할 수 있다면서요. 그러자 슈퍼맥은 EU에 빅맥의 상표 등록을 취소해달라고 요청했습니다. '맥'이라는 단어는 스코틀랜드나 아일랜드에서 이름에 널리 사용되는데, '빅맥'과 비슷하다는 이유로 맥도날드가 독점할 수는 없다는 거였죠.

"소고기 버거에만 빅맥 상표 쓰세요!"

 10년 가까이 이어진 두 기업의 상표 전쟁 결과, 유럽 일반법원(EGC)는 맥도날드의 빅맥 상표권을 '소고기를 사용한 버거'에 대해서만 한정해 인정했어요. 맥도날드에서 닭고기를 사용한 버거에도 '맥치킨'이라는 이름으로 판매하고 있기 때문에, '맥'이라는 말이 소고기로 만든 '빅맥' 상표와는 특별한 관련이 없다고 판단한 것입니다.

 이 판결에 따라, 앞으로 유럽에서는 닭고기 같은 가금류로 만든 햄버거 또는 닭고기 식품에 대해 다른 업체들도 '빅맥'이라는 이름을 사용할 수 있게 됐답니다.

기업이 상표에 진심인 이유!

상표는 모든 기업에서 매우 중요한 문제입니다. 상표를 통해 기업과 제품을 홍보하고, 오랜 시간 공들여 '소비자와의 신뢰'와 '사회적인 이미지'를 쌓기 때문이에요. 그러니 다른 이가 함부로 사용하게 둘 수 없고, 누군가 문제를 제기한다고 해서 쉽게 포기할 수도 없죠. 우리나라를 포함해 많은 나라가, 엄격한 규칙 속에 상표를 관리하고 있어도, 계속해서 상표권 분쟁이 벌어지는 이유입니다.

기사를 읽고 퀴즈를 풀어보세요!

1 이 기사는 어떤 주제를 다루고 있나요? (   )

① 맥도날드의 새로운 메뉴

② 상표권과 상표 분쟁

③ 유럽의 음식 문화

④ 햄버거의 역사

2 위 기사와 관련된 내용을 읽고 맞으면 O, 틀리면 X를 표기하세요.

· 맥도날드는 미국에서 '빅맥' 상표권을 소고기 버거에만 한정해 인정받았다. (   )

· 슈퍼맥은 유럽 전역으로 사업을 확대하기 위해 상표 등록을 시도했다. (   )

문해력 쑥쑥! 어휘사전

★ 지정 상품 | 상표 출원 시, 출원서에 기재한 상품의 목록

★ 제동 | 기계나 자동차 따위의 운동을 멈추게 함

가리킬 '지', 정할 '정', 장사 '상', 물건 '품'	절제할 '제', 움직일 '동'
指定商品	制動

💬 본문에 나온 한자어를 소리 내어 읽고 써보세요.

2025년 최저임금, 시간당 '1만 원' 돌파!

> **개념 쏙쏙!** **최저임금**
>
> 어느 곳에서, 어떤 일을 하든지, 일하는 사람이라면 누구나 받아야 할 '최소한의 돈'을 말해요. 근로자의 생활 수준을 지켜주기 위해, 많은 나라에서 최저임금을 법으로 정해 두고 있습니다.

최저임금 올리는 2가지 이유!

2025년 최저임금이 1시간당 '1만 30원'으로 결정됐어요. 2024년 시급* 인 9,860원의 1.7%, 즉 170원이 오른 금액입니다. 우리나라에서 최저임금이 시급 1만 원을 넘은 것은 이번이 처음이에요.

최저임금을 올리는 이유는 크게 2가지가 있어요. 첫째는, 물가가 오르고 생활비가 증가하면, 더 많은 돈이 필요해지기 때문이에요. 둘째는, 일하는 사람들의 생활 수준을 높이고, 더 나은 환경에서 일할 수 있도록 도와주기 위해서예요.

최저임금이 인상되면, 소비할 수 있는 돈도 늘어나면서, 경제 전체에 좋은 영향을 줄 수 있어요. 또 사람들은 더 열심히 일하게 되고, 더 나은 삶을 살 수 있는 기회를 가질 수 있게 되죠.

"최저임금, 그냥 많이 주면 안 되나요?"

한편, 최저임금 인상 금액인 170원이 너무 적다는 아쉬움도 있어요. 물가상승률은 2.6%로 예상되는데, 최저임금 상승률은 겨우 1.7%에 그쳤기 때문이에요. 이로 인해, 사람들이 버는 돈이 물건값을 따라잡지 못하는 상황이 생길 수 있어요.

하지만 최저임금을 마음대로 올리는 것은 쉽지 않아요. 최저임금위원회에는 사용자위원과 근로자위원이 각각 있어, 서로의 입장이 극명하게 나뉘거든요. 기업과 경영자의 입장을 대변*하는 사용자위원은 _____ ㉠ _____ 을 낮추고 싶어 하고, 일하는 사람들 입장의 근로자위원은 당연히 _____ ㉠ _____ 을 높이고 싶어하죠.

확정된 최저임금을 모두가 만족할 수는 없어요. 그럼에도 최저임금은 근로자의 생활을 지키는 중요한 제도인 만큼, 앞으로도 꾸준히 조정될 것으로 보입니다.

기사를 읽고 퀴즈를 풀어보세요!

1 밑줄 친 ㉠에 공통으로 들어갈 말로 알맞은 단어는 무엇인가요?

2 <보기>를 읽고 드는 궁금증에 대한 반응으로 적절하지 않은 친구를 골라보세요. (　　　)

<보기>

> 2025 최저임금 위원회에서 논의됐던 뜨거웠던 주제 중 하나는 '최저임금의 업종★별 구분'이다. 이것은 지금처럼 모든 사람이 똑같은 최저임금을 받는 방식을 얘기하는 것이 아니다. 사람들이 하는 일을 '쉬운 일'과 '어려운 일' 2가지로 구분한 뒤, 최저임금을 각각 다르게 정해서 주자는 것이다.

① 하니: 쉬운 일과 어려운 일의 종류를 어떤 기준으로 구분하지?

② 동연: 사람들이 최저임금을 더 많이 주는 회사로만 가려고 하지 않을까?

③ 서아: 1시간 일했을 때, 10만 원씩 주면 안 싸우지 않을까?

문해력 쑥쑥! 어휘사전

★ **시급** | 노동한 시간에 따라 지급되는 임금　　★ **업종** | 직업이나 영업의 종류

★ **대변** | 어떤 사람이나 단체를 대신해 그의
　　　　　의견이나 태도를 표함. 또는 그런 일

✎ 본문에 나온 한자어 '대변'을 활용한 예문을 작성해 보세요.

예시　대변(代辯: 대신할 '대', 말씀 '변')
　　　정치인은 국민의 의견을 **대변**할 줄 알아야 해요.

사회
문화

미움받던 '에펠탑', 프랑스 '랜드마크' 된 사연!

> **개념 쏙쏙!** 에펠탑(Eiffel Tower)
>
> 1889년 만국박람회장에 건립된 프랑스 파리의 상징적 건축물로, 높이는 324m, 무게는 7,300톤에 달해요. 1887년부터 1889년까지, 단 2년 만에 지어졌습니다.

프랑스 건축기술의 끝판왕 '에펠탑'

2024 올림픽 개최지, 개선문, 베르사유 궁전, 루브르 박물관, 바게트... 이 단어들을 보고 떠오르는 나라가 있나요? 맞아요. '프랑스'입니다. 그런데 프랑스 하면, 절대 빠질 수 없는 단어가 하나 더 있어요. 바로 '에펠탑'입니다.

에펠탑은 프랑스의 상징적인 랜드마크* 중 하나이자, 전 세계 사람들이 꼭 한 번쯤 가보고 싶어 하는 관광지예요. 이렇게 아름다운 에펠탑은 누가 만들었고, 왜 만들게 됐을까요?

에펠탑을 설계한 사람은 알렉상드르 '구스타브 에펠'이라는 프랑스의 건축가인데요. 에펠탑의 이름도 이 건축가의 이름에서 따온 것이라고 해요. 320m가 넘는 에펠탑은 81층 건물과 맞먹는 높이를 자랑해요. 건축 당시에는 세계에서 가장 높은 인공구조물* 이었답니다.

에펠탑은 프랑스의 건축기술력을 뽐내기 위해 만들어졌어요. 1889년, 프랑스는 프랑스 혁명 100주년을 기념해 파리 만국박람회를 개최했는데요. 에펠탑은 박람회에 온 전 세계인들에게 보여줄 자랑거리였죠.

흉물 비난에, 철거 위기까지…

사실 에펠탑은 처음부터 사랑받는 명소는 아니었어요. 에펠탑의 모습이 처음 공개됐을 때, 사람들은 차가운 철제 탑의 모습을 보고 '흉물*'이라고 비난했습니다.

에펠탑은 건설 20년 뒤에 철거*될 예정이었지만, 관광객들에게 큰 사랑을 받으면서 파리의 대표적인 명소로 자리매김했답니다.

1 빈칸에 알맞은 단어를 채워 문장을 완성해 보세요.

에펠탑은 1889년 만국박람회장에 건립된 프랑스 파리의 상징적 건축물로, 높이는

[   ] m, 무게는 [   ] 톤에 달한다.

2 에펠탑과 관련한 내용 중 틀린 것을 고르세요. (   )

① 에펠탑은 프랑스의 상징적인 랜드마크다.

② 에펠탑의 이름은 건축가의 이름에서 따온 것이다.

③ 에펠탑은 프랑스의 자연경관을 자랑하기 위해 만들어졌다.

④ 처음 에펠탑을 본 사람들은 '흉물'이라며 비난했다.

3 에펠탑과 같이 우리나라를 대표하는 상징적인 건축물을 찾아 적어보세요.

문해력 쑥쑥! 어휘사전

★ 랜드마크 | (Landmark) 어떤 지역을 대표
하거나 구별하게 하는 표지

★ 인공구조물 | 부두, 방파제, 교량 등 인공적
인 작업에 의해 만들어진 물
건. 원상회복이 예정돼 있다.

★ 흉물 | 모양이 흉하게 생긴 사람이나 동물

★ 철거 | 이미 설치되어 있는 건물이나 시설
따위를 거두어 치움

사람 '**인**', 장인 '**공**', 얽을 '**구**', 지을 '**조**', 물건 '**물**'	흉할 '**흉**', 물건 '**물**'	거둘 '**철**' 갈 '**거**'
人工構造物	凶物	撤去

💬 본문에 나온 한자어를 소리 내어 읽고 써보세요.

너의 '힘'을 증명해 봐! 이 '양털'로

> **개념 쏙쏙!** 테트버리 울색 레이스(Tetbury Woolsack Races)
>
> 영국 테트버리 마을에서 개최되는 이색 경주. 양털 포대를 메고 가파른 길을 오르내리며 달리는 경기로, 우승 기록은 세계 기네스북에 오른다고 해요.

양털 자루를 메고 달려라!

 빵! 소리와 함께 경기가 시작됐어요. 수많은 사람들의 응원 속에, 정체를 알 수 없는 커다란 포대*를 짊어진 선수들이 언덕을 달립니다. 영국 글로스터셔주에 있는 테트버리(Tetbury) 마을에서 열린 '테트버리 울색 레이스'의 한 장면인데요.

▲ [출처=gloucestershirelive.co.uk]

 양털이 가득 담긴 자루를 메고 가파른 언덕을 오르내리며 힘과 체력, 끈기를 겨루는 이 대회는 매년 5월 마지막 공휴일에 개최되고 있어요. 올해는 코로나 이후 4년 만인 5월 27일(현지 시각)에 개최됐다고 합니다.

 참가자들은 양모 자루를 짊어지고 가파른 언덕 코스를 오르내려야 해요. 양털을 가득 채운 자루의 무게는 남성 선수용 27㎏, 여성 선수용 16㎏으로, 절대 만만하게 볼 수 없죠. '테트버리 울색 레이스'의 우승 기록은 세계 기네스북에도 오를 만큼, 대단한 공신력*을 자랑한답니다.

왜 하필 양털인건데?

 한 가지 궁금한 점이 있어요. 왜 하필 양털 자루를 선택한 걸까요? 밀가루, 감자, 콩 등 자루 속에 넣을 재료들은 얼마든지 많았을 텐데 말이에요. 그 이유는 테트버리 마을의 역사와 관련이 있습니다.

 주변이 온통 언덕 지형으로 이루어진 이 마을은 17세기경 양을 기르고, 양털을 공급하는 양모 무역이 크게 발달했다고 해요. 그러던 어느 날부터 이 지역의 양몰이꾼*들이 자신의 힘을 자랑하기 위해 양털 자루를 들고 뛰는 경기를 하며 힘을 겨뤘고, 그것을 시작으로 1972년부터 공식적인 대회가 개최된 것이라고 합니다.

 '테트버리 울색 레이스'처럼 세계 곳곳에는 다양한 이색 달리기 경주가 참 많은데요. 어느 나라에 어떤 경기들이 있는지 조사해 보는 것도 재미있을 것 같아요.

기사를 읽고 퀴즈를 풀어보세요!

1 다음 내용을 읽고 맞으면 O, 틀리면 X를 표기하세요.

· '테트버리 울색 레이스'는 양털 포대를 메고 가파른 길을 오르내리는 달리기
  경기다. (　　)

· '테트버리 울색 레이스'는 지금까지 한해도 빠지지 않고 개최돼 왔다. (　　)

2 빈칸에 알맞은 단어를 채워 문장을 완성해 보세요.

'테트버리 울색 레이스'의 우승 기록은 세계 ☐☐☐☐ 에도 오를 만큼,
대단한 공신력을 자랑합니다.

3 다음 중, 기사와 관련된 내용이 아닌 것은 무엇인가요? (　　)

① 2024년 대회는 5월 27일(현지 시각)에 열렸다.

② 양털 자루의 무게는 남성 선수용 16㎏, 여성 선수용 27㎏이다.

③ 테트버리 울색 레이스가 공식 대회로서 시작된 해는 1972년이다.

④ 테트버리 울색 레이스는 과거 양몰이꾼들이 양털 자루를 들고 뛰는 대결을
  통해 힘을 겨룬 것에서 유래됐다.

문해력 쑥쑥! 어휘사전

★ **포대** | 베나 가죽, 종이 따위로 만든 큰 자루　　★ **양몰이꾼** | 놓아먹이는 양 떼를 모는 일을
　　　　　　　　　　　　　　　　　　　　　　　　　　　　　직업으로 하는 사람

★ **공신력** | 공적인 신뢰를 받을 만한 능력

✎ 본문에 나온 한자어 '공신력'을 활용한 예문을 작성해 보세요.

[예시] 공신력(公信力: 공평할 '공', 믿을 '신', 힘 '력')
　　　노벨상을 받으려면 우선 **공신력** 있는 단체로부터 추천을 받아야 한다.

간식처럼 즐기는 '스낵무비'의 탄생!

개념 쏙쏙! 스낵무비

'간식처럼 가볍게 보는 짧은 상업영화'라는 뜻의 신조어로, 기존의 영화와는 달리, 단돈 1천 원만 내고 극장에서 볼 수 있는 숏폼 콘텐츠 영화를 말해요.

단돈 1천 원으로 극장 영화를 본다고?

2024년 6월 14일에 개봉한, 배우 손석구 주연의 영화 〈밤낚시〉가 '12분 59초'라는 짧은 상영시간과 '1천 원'이라는 파격적인 티켓 가격으로 큰 화제를 모았습니다.

이 영화는 전기차를 타고 다니는 비밀 요원이, 전기차 충전소에서 낚싯대로 전기를 훔치는 외계인을 잡기 위해 사투*를 벌이는 이야기를 그려낸 작품으로, 현대자동차가 영화제작에 처음으로 도전한 단편영화입니다.

재미있는 사실은 단순히 짧은 영화인 줄만 알았던 이 영상은 사실 영화 속에 등장하는 현대자동차 전기차의 우수함을 알린 광고이기도 하다는 거예요.

그동안 기업들은 영화나 드라마 속에서 PPL* 방식으로 자사의 상품을 노출시켜왔어요. 하지만 현대자동차는 직접 영화 제작에 뛰어들어, '짧은 상업영화 겸 광고'를 만드는 참신한 도전을 한 거죠.

숏폼 전성시대, 대중 공략 통했다!

영화 제작진은 〈밤낚시〉를 '스낵무비'라는 신조어로 정의했어요. 그런데 왜 일반 영화 대신 스낵무비라는 낯선 방식을 선택한 걸까요?

영화나 드라마를 짧은 몰아보기 영상으로 시청하고, 숏폼* 콘텐츠가 시대의 트렌드로 자리 잡은 요즘, 단돈 1천 원으로 영화를 볼 수 있는 스낵무비는 대중을 공략할 수 있는 최적의 장치이기 때문입니다.

영화 〈밤낚시〉의 성공은 광고계는 물론 영화계에도 흥미로운 자극이 됐다고 해요. CGV도 〈밤낚시〉의 성과를 토대로, 앞으로 다양한 상영시간과 가격대의 영화를 선보일 계획이라고 합니다.

기사를 읽고 퀴즈를 풀어보세요!

1 빈칸에 알맞은 단어를 채워 문장을 완성해 보세요.

□□□□ 는 '간식처럼 가볍게 보는 짧은 상업영화'라는 뜻의 신조어로, 기존의 영화와는 달리, 단돈 1천 원만 내고 극장에서 볼 수 있는 □□ 콘텐츠 영화를 말해요.

2 다음 중 영화 <밤낚시>와 관련된 내용이 아닌 것을 고르세요. (　　)

① 배우 손석구가 감독을 맡았다.

② 영화 상영 시간은 12분 59초이다.

③ 현대자동차가 처음 제작에 도전한 단편영화이다.

④ 현대자동차가 생산한 전기차의 우수함을 알린 광고이기도 하다.

3 영화 <밤낚시>의 제작진이 '스낵무비'라는 낯선 방식을 선택한 이유는 무엇인가요?

문해력 쑥쑥! 어휘사전

★ **사투** | 죽기를 각오하고 싸우거나 죽을힘을 다해 싸움. 또는 그런 싸움

★ **PPL** | (Product Placement) 영화나 드라마의 소품으로, 특정 제품을 노출해 홍보 효과를 노리는 광고

★ **숏폼** | (Short-form) 길이가 짧은 형태의 콘텐츠. 틱톡, 스냅챗 등의 플랫폼이 대표적이다.

✎ 본문에 나온 한자어 '사투'를 활용한 예문을 작성해 보세요.

예시) 사투(死鬪: 죽을 '사', 싸움 '투')

지난밤, 모기와의 **사투**를 벌이느라 잠을 설쳤다.

'맛집' 별점 매기는 '타이어' 회사

개념 쏙쏙! 미쉐린 가이드(Michelin Guide)

프랑스의 타이어 제조 회사인 미쉐린(프랑스어. 미슐랭)이 매년 봄에 발간하는 식당 및 여행 지침서예요. 기존에는 '미슐랭 가이드'로 불렸으나, 한국지사에서 회사명을 '미쉐린'으로 정함에 따라 공식 명칭도 '미쉐린 가이드'로 결정됐어요.

'미쉐린 가이드' 탄생 배경은?

▲[출처=michelinmedia.com]

'미쉐린 가이드'는 전 세계적으로 유명한 맛집 지침서예요. 미쉐린 가이드를 통해 사람들은 특별한 맛집을 발견하고, 그곳에서 특별한 식사를 경험하죠. 그런데 미쉐린 가이드가 사실은 타이어 판매를 위한 마케팅에서 시작됐다는 사실을 알고 있나요?

'자동차 여행안내 책자'에서 '맛집 지침서'로 환골탈태*

1889년, 앙드레 미슐랭과 에두아르 미슐랭 형제는 자신들의 이름을 딴 타이어 회사 '미쉐린'을 설립합니다. 하지만 자동차가 많이 보급되지 않던 당시, 타이어를 판매하기란 쉬운 일이 아니었어요. 그래서 형제는 사람들이 자동차를 더 많이 타고 다닐 수 있도록 하기 위해 1900년, 자동차 여행안내 책자인 '미쉐린 가이드'를 제작해 무료로 배포*합니다.

초창기에 제작된 미쉐린 가이드는 타이어 교체법, 주유소 위치, 도로 규칙 등을 안내하는 용도로 활용됐어요. 그런데 자동차의 보급이 늘면서, 운전해서 갈 만한 좋은 식당과 숙박 시설을 소개하기 시작했죠. 해가 갈수록 미쉐린 가이드가 제공하는 정보들은 독자들에게 좋은 반응을 얻었어요. 이에 1922년, 책자를 유료 판매로 전환하면서 미쉐린 가이드는 본격적으로 미식* 명소를 소개하는 가이드북으로 발전하게 됐답니다.

타이어 회사의 단순한 마케팅 전략에서 출발해, 전 세계의 미식 문화를 이끄는 맛집 지침서로 자리매김한 '미쉐린 가이드'의 역사, 참 흥미롭지 않나요?

1 빈칸에 알맞은 단어를 채워 문장을 완성해 보세요.

미쉐린 가이드가 처음 제작된 해는 [   ] 년입니다. 처음엔 무료로 배포되

다가, [   ] 년부터 유료 판매로 전환됐습니다.

2 '미쉐린 가이드'가 처음 만들어진 목적은 무엇이었나요? (   )

① 다양한 맛집 정보를 제공하기 위해서

② 타이어를 더 많이 팔기 위해서

③ 새로운 사업을 시작하기 위해서

④ 사람들에게 책을 많이 읽게 하기 위해서

3 다음 내용을 읽고 맞으면 O, 틀리면 X를 표기하세요.

· 미쉐린 가이드를 만든 건, 앙드레 미슐랭과 에두아르 미슐랭 형제입니다. (   )

· 초창기에 제작된 미쉐린 가이드는 타이어 교체법, 주유소 위치, 도로 규칙 등을

안내하는 용도로 활용됐습니다. (   )

문해력 쑥쑥! 어휘사전

★ **환골탈태** | 몸과 얼굴이 몰라볼 만큼 좋게   ★ **미식** | 좋은 음식. 또는 그런 음식을 먹음
변한 것을 비유하는 말

★ **배포** | 신문이나 책자 따위를 널리 나누어
줌

바꿀 '환', 뼈 '골', 빼앗을 '탈', 잉태할 '태'	짝 '배', 베 '포'	아름다울 '미', 밥 '식'
換骨奪胎	配布	美食

💬 본문에 나온 한자어를 소리 내어 읽고 써보세요.

앙숙에서 친구로… '기린'이 이어준 부족의 우정

> **개념 쏙쏙!** 기린 탈출 프로젝트
>
> 밀렵꾼들에 의해 멸종 위기에 처한 케냐의 기린을 구하기 위해, 오랜 원수지간이었던 '포콧족'과 '일차무스족'이 힘을 모아 기린들을 보호구역으로 옮겨 정착*시킨 화해의 프로 젝트를 말해요.

위기에 처한 기린을 구출하라!

멸종 위기 동물을 보호하는 일은 인류가 반드시 해야 할 중요한 임무예요. 그런데 이 임무가 오랜 시간 갈등을 겪어온 두 부족을 화해시킨 징검다리 역할을 했다고 하는데 요. 대체 무슨 사연일까요?

아프리카 케냐 서부의 바링고 지역에선 오래전부터 '포콧족'과 '일차무스족'이 분쟁* 을 벌여왔어요. 가축 도난 사건에서 시작된 부족 간의 다툼은 무려 18년간 이어졌고, 싸움이 점점 커져 나중에는 수많은 인명 피해를 발생시키는 상황까지 이르렀죠.

화해의 기미가 보이지 않던 이들의 갈등을 해결해 준 건 다름 아닌 '기린'이었습니다. 케냐에 서식하는 대표 야생동물 중 하나인 기린이 밀렵*꾼들에 의해 멸종 위기에 처하 게 되자, 두 부족이 기린들을 지역 내 보호구역으로 옮기는 '기린 탈출 프로젝트'를 함께하기로 뜻을 모은 거예요.

부족 경제 살린 '화해의 프로젝트'

기린 탈출 프로젝트를 통해, 지금까지 총 28마리의 기린이 보호구역에서 잘 정착하게 됐고, 덕분에 불법 밀렵도 사라졌어요. 게다가 보호구역으로 이사 온 기 린을 보기 위해 찾아온 관광객들이 늘면서, 지역 경제 가 활성화되고 청년 일자리도 늘게 됐죠.

기린 탈출 프로젝트 덕에, 두 부족은 기나긴 다툼을 끝내고 하나의 경제 공동체로 살아가고 있어요. 기린이 보호구역으로 이사 오는 날에는 모두가 모여 함께 환영 잔치를 연다고 합니다.

기사를 읽고 퀴즈를 풀어보세요!

1 단어에 관한 설명을 토대로, 퍼즐 속에 숨은 어휘를 찾아 동그라미 치세요.

위	기	린	스	웨	덴
장	미	꽃	페	지	마
약	국	병	인	멸	크
밀	렵	꾼	사	종	레
가	시	덤	불	위	용
루	마	니	아	기	서

① 초식동물 중 가장 키가 큰 동물로 다리와 목이 길고, 얼룩무늬를 가졌다. (2자)

② 허가를 받지 않고 몰래 사냥하는 사람. 이들에 의해 많은 동물들이 피해를 받거나 죽임을 당하고 있다. (3자)

③ 서식지 파괴나 기후변화 등으로 인해 생물의 한 종류가 사라질 위험한 고비나 시기 (4자)

문해력 쑥쑥! 어휘사전

★ **정착** | 일정한 곳에 자리를 잡아 붙박이로 있거나 머물러 삶

★ **밀렵** | 허가를 받지 않고 몰래 사냥함

★ **분쟁** | 말썽을 일으켜 시끄럽고 복잡하게 다툼

정할 '**정**', 붙을 '**착**'	어지러울 '**분**', 다툴 '**쟁**'	빽빽할 '**밀**', 사냥 '**렵**'
定着	紛爭	密獵

💬 본문에 나온 한자어를 소리 내어 읽고 써보세요.

61

잘 찾은 유물 하나, '뮷즈'로 인기 급상승!

> **개념 쏙쏙!** 뮷즈(MU:DS)
>
> 뮤지엄(Museum)과 굿즈(Goods)를 합친 단어로, 말 그대로 '박물관 상품'을 말해요. 그동안 젊은 세대들에게 고리타분하다*고 여겨졌던 박물관이라는 공간이 전통적인 기념품 출시를 통해 힙(hip)한 유행으로 탈바꿈하고 있습니다.

오래된 유물이 인기 굿즈로 떡상!

▲[출처=문화재청]

국립고궁박물관 행사장에서 관람객들에게 나눠준 작은 모형 제품이 엄청난 인기를 얻으며, '핫'한 굿즈로 떠올랐어요. 해당 상품은 조선시대 왕실 잔치 때 쓰인 '사각 유리등'으로, 가운데에 초를 꽂아 불을 밝히는 조명기구를 모형으로 제작한 건데요. 오랫동안 전시실에만 놓여 있던 유물이 인기 상품으로 거듭난 거죠.

이를 계기로 박물관은 본격적인 굿즈 제작과 판매에 나섰어요. 결과는 완판! 6개월 만에 8천 개가 넘는 굿즈가 팔리며, 무려 2억 4천여만 원의 수익을 얻었어요. 박물관은 해당 상품으로 디자인 특허*까지 냈답니다.

그뿐만이 아니에요. 서울 고궁 주변 가로등을 사각 유리등 모양의 디자인으로 교체해, 거리의 풍경을 아름답게 바꿔놓기도 했답니다.

다양성·실용성 갖춘 '뮷즈'의 성장을 기대해!

'사각 유리등'처럼 우리나라 국립박물관에서 판매하는 독특한 기념품들을 '뮷즈'(MU:DS)라고 불러요. 흥미로운 점은 뮷즈 구매자의 다수가 MZ세대라는 거예요. 젊은 감각이 오래된 전통에 열광하고 있는 현상을 보여주는 좋은 사례죠.

아쉬운 점도 있어요. 뮷즈의 종류가 생각보다 많지 않다는 거예요. 대중에게 잘 알려지지 않은 유물들을 찾아내 소비자의 선택지를 넓힐 필요가 있습니다.

또한 실용적인 상품 개발도 필요해요. 단순한 장식품에만 국한*되지 않고, 실생활에서도 쓸 수 있는 물건을 개발한다면 훨씬 더 가치 있는 상품이 될 거예요.

1 다음 문장을 읽고 괄호 안에 알맞은 단어를 골라 동그라미 치세요.

뭣즈(MU:DS)란, (뮤지컬, 뮤지엄)과 (굿즈, 프렌즈)를 합친 단어예요. 그동안 젊은 세대 사이에서 고리타분하다고 여겨졌던 박물관 상품이, 최근 MZ세대를 중심으로 힙(hip)한 유행으로 탈바꿈하고 있습니다.

2 다음 내용을 읽고 맞으면 O, 틀리면 X를 표기하세요.

· MZ 사이에서 '핫'한 굿즈로 떠오른 국립고궁박물관 '사각 유리등'은 조선시대 왕실 잔치 때 쓰인 조명기구다. (   )

· 현재 시중에 나와 있는 뭣즈의 종류와 형태는 매우 다양하다. (   )

3 국립박물관 문화상품으로 출시된 뭣즈들을 조사해 보고, 그 중 가장 마음에 드는 뭣즈를 골라 그 이유를 적어봅시다.

★ **고리타분하다** | 하는 짓이나 성미, 분위기 따위가 새롭지 못하고 답답하다.

★ **국한** | 어떤 사물이나 일, 현상 등의 범위를 일정한 부분이나 측면으로 제한하거나 한정함

★ **특허** | 새로 발명한 것에 대한 여러 권리를 독점할 수 있는 권리

✎ **본문에 나온 한자어 '국한'을 활용한 예문을 작성해 보세요.**

`예시` 국한(局限: 판 '국', 한정 '한')
국영수에 **국한**하지 말고, 다양한 과목에 관심을 가져보자.

"외로운 늑대가 나타났다!"

> **개념 쏙쏙!** 외로운 늑대(Lone Wolf)
>
> 인터넷·SNS 등을 통해 학습한 극단적인 종교 교리*나 사상*을 표출하기 위해, 불특정 다수에게 테러*를 일으키는 '나 홀로 테러범'을 말해요.

'외로운 늑대'의 등장!

대부분의 늑대들은 자연에서 무리 지어 살아요. 그런데 가끔 한 마리가 집단에서 떨어져 나와 혼자 살아가기도 합니다. 이런 외톨이 늑대는 대부분 성격이 거칠고, 매우 공격적이에요. 야생에서 살아남으려면 모든 것을 홀로 해결해야 하기 때문이죠.

여기에서 유래한 말이 단독 테러범을 뜻하는 '외로운 늑대'입니다. 과거에는 테러가 조직적으로 이루어졌지만, 최근에는 단체가 아닌, '나 홀로 테러'가 발생하는 사례가 늘고 있어요. 외로운 늑대들의 수가 많아졌다는 얘기죠.

"극단적 테러, 절대 용서 못해"

외로운 늑대는 인터넷·SNS 등을 통해, 극단적인 종교 교리나 사상을 학습하고, 직접 테러에 나서요. 핵심은 도와주거나 함께하는 이가 한 명도 없다는 점입니다. 외로운 늑대가 벌이는 테러는 경찰이나 다른 이들의 눈에 띄지 않아 예측이 어려워요. 그래서 더욱 위험하죠.

외로운 늑대의 범행 대상은 불특정 다수이며, 사전에 계획되는 경우가 많아요. 이미 세계 곳곳에서 외로운 늑대들의 테러 행위가 점차 증가하고 있는데요. 총기 사용이 금지된 우리나라도 마냥 안심할 순 없어요. 언제 어디서 분노로 가득 찬 외로운 늑대가 출몰할지 모르니까요.

어떤 이유로든 외로운 늑대가 벌인 극단적인 테러로 인해 무고*한 사람들이 목숨을 잃어선 절대 안 돼요.

기사를 읽고 퀴즈를 풀어보세요!

1 다음 문장을 읽고 괄호 안에 알맞은 단어를 골라 동그라미 치세요.

외로운 늑대란, 인터넷이나 SNS 등을 통해 학습한 (상식, 사상)을 극단적으로 표출하기 위해 (불특정 다수, 특정 개인)에게 테러를 일으키는 단독 테러범을 말해요.

2 다음 중 '외로운 늑대'에 대한 설명으로 옳지 않은 것은 무엇인가요? (　　)

① 동물 늑대가 아닌 '단독 테러범'을 가리키는 말이다.

② 언제 어디서 나타날지 예측이 어렵다.

③ 조직적으로 테러를 계획한다.

④ 무고한 생명을 앗아가는 범죄자이다.

3 전 세계적으로 '외로운 늑대'가 벌인 테러 사례를 조사해 적어보세요.

문해력 쑥쑥! 어휘사전

★ **교리** | 종교적인 원리나 이치. 각 종교의 종파가 진리라고 규정한 신앙의 체계를 이른다.

★ **테러** | (Terror)폭력을 사용해 적이나 상대편을 위협하거나 공포에 빠뜨리게 하는 행위

★ **사상** | 사회, 정치, 인생 등에 대한 일정한 견해나 생각

★ **무고하다** | 아무런 잘못이나 허물이 없다.

가르칠 '교', 다스릴 '리'	생각 '사', 생각 '상'	없을 '무', 허물 '고'
教理	思想	無辜

💬 본문에 나온 한자어를 소리 내어 읽고 써보세요.

세계인이 반한 매운맛 'K-라면'

개념 쏙쏙! K-라면

대한민국의 영문 명칭인 Korea의 'K'를 따서 붙여진 '한국 라면'의 줄임말로, K-POP, K-뷰티, K-드라마, K-웹툰 등과 함께 K-열풍의 주역*으로 떠올랐어요.

'K-라면' 월 수출액 1억 달러 돌파!

'우리나라의 대표적인 음식' 하면 뭐가 떠오르나요? 예전에는 불고기, 비빔밥, 김치 등과 같은 음식들이 꼽혔다면, 요즘에는 치킨, 라면, 떡볶이처럼 누구나 간편하게 즐겨 먹는 음식이 세계인의 입맛을 사로잡고 있어요.

▲ [출처=samyangfoods.com]

그중에서도 특히 K-라면의 인기가 폭발적인데요. K-라면의 돌풍은 역대 최대치의 수출액으로 이어졌어요. 2024년 4월, 한 달 동안 해외로 수출된 라면 판매 금액이 사상 처음으로 1억 달러(한화 1,200억 원)를 돌파했을 정도죠.

품절 대란*의 주인공 '까르보불닭볶음면'

가장 큰 성공을 거둔 K-라면은 삼양식품의 '까르보불닭볶음면'이에요. 미국에선 품절 대란* 까지 일어날 정도로 엄청난 인기를 얻었는데요. 심지어 유명인이 자신의 SNS에 까르보불닭볶음면을 먹는 영상을 올릴 정도로 화제의 중심에 섰습니다.

해외에서 한국 라면이 어마어마한 사랑받는 이유 중 하나는, 젊은 소비자들 사이에서 'K-라면'이 하나의 문화로 자리 잡았기 때문이에요. 단순히 식사를 위한 용도만이 아닌, 친구들과 함께 즐기는 파티 문화의 일부가 된 거죠. 여기엔 드라마, 음악, 웹툰, 영화 등 다양한 K-콘텐츠의 인기가 한몫했습니다.

일본에서 탄생한 음식이지만, 우리나라의 방식대로 재해석해 다양한 모습을 갖추게 된 라면, 앞으로 K-라면이 펼쳐갈 무궁무진한 활약을 기대해 볼게요.

기사를 읽고 퀴즈를 풀어보세요!

1 다음 내용을 읽고 맞으면 O, 틀리면 X를 표기하세요.

· 2024년 4월, K-라면 수출액이 사상 처음으로 1억 달러를 돌파했다. (　　)

· 가장 성공을 거둔 K-라면은 농심이 출시한 '신라면'이다. (　　)

· K-콘텐츠의 인기와 K-라면의 판매는 서로 연관성이 없다. (　　)

2 다음 문장을 읽고 괄호 안에 알맞은 단어를 골라 동그라미 치세요.

해외에서 한국 라면이 이처럼 사랑받는 이유 중 하나는 젊은 소비자들 사이에서 'K-라면'이 하나의 (간식거리, 문화)로 자리 잡았기 때문이에요. 단순히 식사를 위한 용도만이 아닌, 친구들과 함께 즐기는 (파티, 취미) 문화의 일부가 된 거죠.

3 만일 여러분이 K-라면을 활용해 세계인의 입맛을 사로잡을 새로운 메뉴를 개발해야 한다면, 어떤 음식을 만들지 메뉴 개발자가 되어 나만의 비밀 레시피를 만들어 보세요.

문해력 쑥쑥! 어휘사전

★ 주역 | 주된 역할. 또는 주된 역할을 하는　　★ 대란 | 크게 일어난 난리
　　　사람

✏ 본문에 나온 한자어 '대란'을 활용한 예문을 작성해 보세요.

예시　대란(大亂: 클 '대', 어지러울 '란')
폭우로 도로 곳곳이 물에 잠기면서 출근길 **대란**이 일어났다.

나라의 품격을 나타내는 기준 '국가브랜드'

개념 쏙쏙! 국가브랜드

한 나라에 대한 유형 또는 무형의 가치를 합한 것으로, 그 나라의 정치, 경제, 문화 등을 인식하고 평가하는 중요한 기준이 됩니다.

'터키' 아닌 '튀르키예'로 불러주세요!

6·25전쟁 때 대한민국을 도와준 '형제의 나라' 터키(Turkey)는 2022년 6월에 국명*을 튀르키예(Türkiye)로 바꿨어요. '터키'라는 단어가 칠면조를 뜻하는 영어 단어와 철자가 같은 데다, 어리석은 사람을 지칭하는 속어*로 쓰이기도 해서 이미지가 좋지 않았기 때문이에요.

그런가하면 2023 항저우 아시안 게임 당시, 한 기자가 북한 관계자들에게 '북한'이라고 칭하자, "우리는 북한이 아닌, 조선민주주의인민공화국이다."라며 불편한 기색을 내비친 적이 있었습니다.

국가브랜드 가치를 높여라!

이처럼, 나라의 이름을 무엇으로 하느냐는 매우 중요한 일이에요. 국명 안에는 그 나라의 정치와 문화, 경제 등 다양한 요소가 함축*적으로 담겨있기 때문이죠. 국명은 곧 그 나라를 향한 호감도나 신뢰도와 연결되는데요. 넓은 범위에서 보면, 하나의 '국가브랜드'라고 표현할 수 있습니다.

소비자가 물건을 고를 때 어떤 기업의 제품인지 확인하는 것처럼, 국가브랜드는 한 나라의 품격을 나타내는 기준이 되죠.

그런 만큼, 국가브랜드를 관리하고 발전시키는 것은 매우 중요해요. 우리나라의 경우, 2009년부터 2013년까지 대통령 직속 기관인 국가브랜드위원회를 운영해 국가브랜드를 관리했다고 합니다.

국가의 브랜드 가치를 높이는 일은 곧 국격*을 높이는 일과 같기에, 정부, 기업, 국민 모두가 힘을 모아 대한민국이란 브랜드를 더욱 가치 있게 만드는 데 노력해야 할 거예요.

1 빈칸에 알맞은 단어를 채워 문장을 완성해 보세요.

☐☐☐☐☐ 란, 한 나라에 대한 유형 또는 무형의 가치를 합한 것으로, 그 나라의 정치, 경제, 문화 등을 인식하고 평가하는 중요한 기준이 됩니다.

2 위 기사에서 언급한 내용이 아닌 것을 고르세요. (   )

① 터키는 2022년에 튀르키예로 국명을 바꿨다.

② 국명은 곧 그 나라를 향한 호감도나 신뢰도와 연결된다.

③ 국가브랜드는 한 나라의 품격을 나타내는 기준이 된다.

④ 국가브랜드를 관리하는 '국가브랜드위원회'가 현재까지 운영 중이다.

3 우리 집이 하나의 '국가'라고 상상해 보세요. 그리고 우리 집만의 특징이 잘 드러나도록 번뜩이는 아이디어로 '국가 이름'을 지어 보세요!

★ 국명 | 나라의 이름

★ 함축 | 말이나 글이 많은 뜻을 담고 있음

★ 속어 | 통속적으로 쓰는 저속한 말

★ 국격 | 나라의 품격

나라 '국', 이름 '명'	풍속 '속', 말씀 '어'	머금을 '함', 모을 '축'	나라 '국', 격식 '격'
國名	俗語	含蓄	國格

💬 본문에 나온 한자어를 소리 내어 읽고 써보세요.

북한이 '오물 풍선' 날리는 이유!

개념 쏙쏙! 회색지대 전술★

흰색도 검은색도 아닌 어느 쪽에도 속하지 않는 회색을 빗댄 말로, 명확하고 뚜렷한 방법이 아닌 애매하고 예측하기 어려운 중간 상태의 전술을 의미해요. 이는 군사적 대응을 하거나 전쟁을 일으키기에는 너무 작고 모호한 도발★을 통해 상대방을 혼란스럽게 만드는 방법입니다.

북한, 한국에 쓰레기 담긴 '오물 풍선' 살포

2024년 5월부터 북한은 한국을 향해 '오물 풍선'을 날려 보냈어요. 휴전선을 넘어온 오물 풍선들은, 가깝게는 휴전선 근처의 경기도 파주, 고양 지역부터, 서울, 강원도, 충청도 지역을 지나, 경상도, 전라도까지… 사실상 제주도를 뺀 전국에 살포됐어요.

풍선 안에는 동물의 배설물이나 퇴비, 담배꽁초, 종이, 비닐 등 북한의 생활 쓰레기 같은 것들이 담겨 있었습니다. 떨어진 풍선에 직접 맞아 다친 사람은 없었지만, 기폭장치★가 매달려 있어서 자동차 3대의 유리가 깨지거나, 풍선이 떨어진 자리가 불타는 등 피해가 발생했죠.

애매모호한 도발, 사회 혼란만 가중★

북한의 이번 도발은 한마디로 '애매모호'하다고 말할 수 있어요. 남북 간 경계를 침범한 것은 분명하지만, 그렇다고 폭탄이나 미사일 같은 무기를 쏜 것은 아니니까요. 유엔군사령부는 북한의 이런 행동을 '정전협정★ 위반'으로 봤으나, 한국이 맞바로 대응하기도 어려운 상황입니다. 군대를 동원한다면 지나친 대처가 되고, 똑같은 방법으로 되갚아주면 우리도 협정을 위반한 것이 되거든요.

오물 풍선이 별거 아니라고 생각할 수도 있지만, 뒤에서 더 큰 공격을 준비하고 있을 가능성도 무시할 수는 없어요. 오물 풍선에 치명적인 화학물질이라도 넣는다면, 그 피해는 훨씬 심각해질 수 있죠.

이 같은 북한의 회색지대 전술은 우리를 혼란스럽게 만들었어요. 확실한 것은, 이러한 도발이 한국 사회를 교란★하려는 북한의 의도에서 비롯되었으며, 앞으로도 계속될 가능성이 크다는 거예요.

1 회색지대 전술에서 '회색'은 무엇을 의미하나요? (　　　)

① 뚜렷함

② 모호한 중간 상태

③ 우울한 색깔

④ 밝은 색깔

2 다음 내용을 읽고 맞으면 O, 틀리면 X를 표기하세요.

· 회색지대 전술은 뚜렷하고, 예측이 쉽다. (　　　)

· 북한의 오물 풍선은 너무 약한 도발이라 무시해도 된다. (　　　)

· 유엔군사령부는 북한의 행동을 정전협정 위반으로 보았다. (　　　)

문해력 쑥쑥! 어휘사전

★ **전술** | 전쟁 또는 전투 상황에 대처하기 위한 기술과 방법

★ **도발** | 남을 집적거려 일이 일어나게 함

★ **기폭장치** | 폭발물의 폭발이 일어날 수 있도록 유도하는 장치

★ **가중** | 부담이나 고통 따위를 더 크게 하거나 어려운 상태를 심해지게 함

★ **정전협정** | 전쟁 중인 나라나 세력이 일시적으로 전투를 중단하기로 합의해 맺은 협정

★ **교란** | 전마음이나 상황 따위를 뒤흔들어서 어지럽고 혼란하게 함

✎ 본문에 나온 한자어 '교란'을 활용한 예문을 작성해 보세요.

예시　교란(攪亂: 어지럽힐 '교', 어지러울 '란')
산림 파괴와 기후변화로 열대 우림의 생물 다양성이 **교란**되고 있다.

환경

기후변화 책임, '법'으로 묻는다!

개념 쏙쏙! 기후변화 피해 변제법

미국 버몬트주에서 만든 법으로, 일정 기준 이상의 온실가스를 배출하는 화석연료 회사들을 대상으로, 화석연료로 인해 발생한 기후변화 피해에 대해 주민과 정부에게 배상*하라는 내용을 담고 있어요.

심각한 기후변화, 지구를 덮친 기상이변

▲[출처=burlingtonfreepress.com]

인도와 파키스탄이 45도를 넘는 무시무시한 불볕더위에 시달리고 있다는 소식이 들려왔어요. 너무 뜨거운 날씨에 수많은 사람들이 열사병으로 목숨을 잃었죠. 비슷한 시기에 미국에는 뇌우와 우박이 떨어지는 악천후가 덮쳤고, 독일 남부에서는 계속된 폭우로 강물이 넘쳐 홍수가 발생했어요. 이처럼 심각한 기후변화로 인한 기상이변 소식은 전세계가 마주한 현실이 됐습니다.

"원인 제공했으면, 책임져야지!"

그런데 최근 미국에서 기후변화를 막기 위한 긍정적인 변화가 일고 있어요. 2024년 5월 말, 미국 버몬트주에서는 일명 '기후변화 피해 변제*법'을 만들었는데요. 일정 기준 이상의 온실가스를 배출하는 화석연료 회사들에게 적용되는 이 법은, 화석연료로 인해 발생한 기후변화 피해에 대해 버몬트주의 주민과 정부에게 배상하라는 내용을 담고 있습니다. 쉽게 말해, 원인 제공자이니 책임도 지라는 얘기죠.

버몬트주 정부는 손해배상금으로 받은 돈을 '기후 위기 대응'에 사용할 예정이에요. 홍수에 대비해 빗물이 빠져나가는 시설을 정비하고, 도로·다리·철도를 더 튼튼하게 바꾸는 등 다양한 용도로 사용할 계획이라고 합니다.

다만, 화석연료로 인한 기후변화 피해를 집계하는 데 시간이 소요되는 만큼, 이 법의 집행* 결과는 좀 더 기다려봐야 알 수 있을 것 같아요.

기사를 읽고 퀴즈를 풀어보세요!

1 빈칸에 알맞은 단어를 채워 문장을 완성해 보세요.

'기후변화 피해 변제법'은 미국 [   ] 주에서 만든 것으로, 일정 기준 이
상의 [   ] 가스를 배출하는 화석연료 회사들을 대상으로, 화석연료로 인해
발생한 기후 변화 피해에 대해 주민과 정부에게 배상하라는 내용의 법안이에요.

2 세계 각국이 겪고 있는 '이상기후 현상'이 아닌 것을 고르세요. (   )

① 인도와 파키스탄이 45도를 넘는 불볕더위에 시달리고 있다.

② 미국에서는 뇌우와 우박이 떨어지는 악천후가 발생하고 있다.

③ 독일 남부에서는 계속된 폭우로 홍수 피해를 겪고 있다.

④ 우리나라에선 장마가 끝나고 무더위가 찾아왔다.

3 다음 내용을 읽고 맞으면 O, 틀리면 X를 표기하세요.

· 미국 버몬트주의 '기후변화 피해 변제법'은 집행이 확정됐다. (   )

· 버몬트주 정부는 손해배상금으로 받은 돈을 '기후 위기 대응'에 사용할 예정이다.

(   )

문해력 쑥쑥! 어휘사전

★ 배상 | 남의 권리를 침해한 사람이 그 손해
를 물어 주는 일

★ 집행 | 법률, 명령, 재판, 처분 따위의 내용
을 실행하는 일

★ 변제 | 남에게 진 빚을 갚음

물어줄 '배', 갚을 '상'	분별할 '변', 건널 '제'	잡을 '집', 다닐 '행'
賠償	辨濟	執行

💬 본문에 나온 한자어를 소리 내어 읽고 써보세요.

"비닐봉지는 사양할게요!"

개념 쏙쏙! 세계 일회용 비닐봉지 없는 날

스페인 국제환경단체 '가이아'가 제안하고, 미국과 프랑스 환경단체 등이 동참해 2008년 7월 3일 제정된 날이에요. 매년 이날이 되면 일회용 비닐봉지 대신 장바구니나, 다회용 가방을 사용하자는 캠페인을 벌이고 있습니다.

비닐봉지는 원래 친환경 발명품이었다(?)

편리함 속에 확산됐지만, 환경호르몬과 미세플라스틱을 발생시켜 환경을 파괴하는 골칫거리로 전락*한 비닐봉지. 그런데 처음 비닐봉지가 탄생하게 된 목적이 다름 아닌 '친환경'을 위해서였다고 해요.

과거 비닐봉지가 발명되기 이전에는 종이봉투를 사용했어요. 하지만 물에 약하고 너무 쉽게 찢어지는 데다, 생산을 위해 수많은 나무를 베어야 하는 치명적인 단점이 있었죠. 이를 안타깝게 여긴 스웨덴 공학자 '스테인 구스타프 툴린'은 1959년 여러 번 재사용할 수 있는 '비닐봉지'를 만들게 됩니다.

7월 3일은 '세계 일회용 비닐봉지 없는 날'

그런데 원래 목적과는 달리, 일회용 비닐봉지를 사용하면서 여러 가지 문제가 발견됐어요. 비닐봉지의 주성분인 폴리에틸렌*은 자연 상태에서 쉽게 분해되지 않았어요. 또한 시간이 지나면서 여러 외부요인에 의해, 미세플라스틱으로 분해되는 과정에서 환경호르몬이 배출됐죠. 미세플라스틱이 토양에 흡수되면 식물의 성장에 악영향을 미쳐요. 또 바다로 흘러 들어가면 해양 생태계를 마구 어지럽힙니다.

이런 이유로 비닐봉지 사용을 줄이고, 대안을 찾기 위한 노력이 지구촌 곳곳에서 벌어지고 있는데요. 그중 하나가 바로 '세계 일회용 비닐봉지 없는 날'입니다.

2008년 스페인 국제환경단체 '가이아'는 7월 3일을 '세계 일회용 비닐봉지 없는 날'로 정하고, 일회용 비닐봉지 대신 장바구니나 다회용* 가방을 사용하자는 캠페인을 벌이고 있죠.

비닐봉지 사용을 줄이는 작은 실천이 지구를 더 건강하게 만들 수 있다는 거 잊지 말아요.

1 다음 문장을 읽고 괄호 안에 알맞은 단어를 골라 동그라미 치세요.

2008년 스페인 국제환경단체 '가이아'는 (12월 3일, 7월 3일)을 '세계 일회용 비닐봉지 없는 날'로 정하고, 일회용 비닐봉지 대신 (장바구니, 종이봉투)나, 다회용 가방을 사용하자는 캠페인을 벌이고 있습니다.

2 다음 중, '일회용 비닐봉지'와 관련된 설명으로 틀린 것은 무엇일까요? (   )

① 비닐봉지가 개발되기 이전에는 주로 종이봉투를 사용했다.

② 비닐봉지의 주성분은 폴리에틸렌이다.

③ 비닐봉지는 미세플라스틱을 발생시킨다.

④ 비닐봉지는 해양 생태계를 보호하는 데 중요한 역할을 한다.

3 일상에서 비닐봉지를 전혀 사용하지 않는 건 쉬운 일이 아니에요. 대신 비닐봉지 사용을 최소화하기 위한 노력을 해볼 수는 있죠. 비닐봉지 사용을 줄이기 위해 우리가 할 수 있는 실천 방법에는 어떤 것들이 있을까요?

문해력 쑥쑥! 어휘사전

★ 전락 | 나쁜 상태나 타락한 상태에 빠짐   ★ 다회용 | 여러 번 쓰고 버림. 또는 그런 것

★ 폴리에틸렌 | (Polyethylene) 열을 가했을 때 녹고, 온도를 충분히 낮추면 고체 상태로 되돌아가는 고분자

✎ 본문에 나온 한자어 '전락'을 활용한 예문을 작성해 보세요.

예시   전락(轉落: 구를 '전', 떨어질 '락')
동생이 생기고 난 이후부터 천덕꾸러기로 **전락**했다.

바다를 지키는 천연 필터 '해초'

개념 쏙쏙! 해초

관다발, 줄기, 잎, 뿌리 모두를 지닌 속씨식물로 꽃도 지니고 있는 바다식물을 말해요. 해조(海藻)와 구분하기 위해 '초(草)'자를 붙인답니다.

바다의 파수꾼 '해초'의 위대한 능력

바다에서 자라는 종자식물* '해초'가 해양생물에게 해를 끼치는 병원균을 제거한다는 사실이 연구를 통해 입증*됐어요.

미국 캘리포니아 대학의 '조리흐 램' 교수와 코넬 대학의 '드류 하벨' 교수가 이끄는 공동 연구팀이 공개한 자료에 따르면, '해안가에 서식하는 해초가 병원성 세균의 바다 유입을 막아 해양생물을 보호하는 중요한 역할을 한다.'라는 사실을 확인할 수 있었습니다.

해초는 수심 200m 이내의 얕은 바다에 살며, 서식지 인근에 있는 육지로부터 흘러나오는 세균을 제거해 수질*을 개선해요. 또 물고기가 안전하게 살아갈 수 있는 환경을 마련해 줌으로써, 양식업에도 큰 도움을 주죠.

연구팀은 해초가 제거하는 병원균의 양을 확인하기 위해, 미국 워싱턴주 퍼젯 사운드 해변에 서식하는 홍합을 채취 후, 아가미 속 세균을 조사했어요. 그 결과 해초 가까이에 사는 홍합이 그렇지 않은 홍합에 비해, 세균 밀도가 최대 65%나 낮은 것으로 나타났습니다.

해초 수가 급격히 줄고 있대요 ㅠㅠ

세계 여러 나라에선 이미 천연 항생제 역할을 하는 '해초'의 능력에 주목하고 있어요. 일례로 미국 뉴욕시의 경우, 80억 달러(9조 2000억 원) 규모의 수질정화*시설을 개설하는 대신, 해초를 활용한 정화로 효율성을 높이는 쪽을 선택했다고 합니다.

하지만 안타깝게도 계속되는 환경오염과 지구 온난화로 인해 해초의 수가 점차 감소하고 있어요. 해초의 개체 수가 줄면, 바닷속 병원균이 증식*하면서 해양생태계에 악영향을 미칠 수 있는 만큼, 적극적인 보호조치가 필요해 보여요.

1 다음 문장이 설명하는 단어는 무엇인가요?

관다발, 줄기, 잎, 뿌리, 꽃을 지닌 바다식물로, 바다에 유입된 병원균을 제거하는
놀라운 능력을 가졌어요.

2 다음 내용을 읽고 맞으면 O, 틀리면 X를 표기하세요.

· 해초는 해양식물을 보호하는 수호자 역할을 한다. (   )
· 해초는 수심 1,000m 아래의 깊은 바다에 산다. (   )
· 환경오염과 지구 온난화로 인해 해초의 개체 수가 줄고 있다. (   )

3 다음 문장을 읽고 괄호 안에 알맞은 단어를 골라 동그라미 치세요.

해초는 서식지 인근 육지로부터 흘러나오는 세균을 제거해 (수질, 토질)을 개선
하고, 물고기가 안전하게 살아갈 수 있는 환경을 마련해 줌으로써 (농업, 양식업)
에도 큰 도움을 줍니다.

문해력 쑥쑥! 어휘사전

★ 종자식물 | 생식 기관인 꽃이 있고 열매를 맺   ★ 수질정화 | 인간이 물을 안심하고 사용할
　　　 으며, 씨로 번식하는 고등 식물   　　　 수 있도록 처리하는 것

★ 입증 | 어떤 증거 따위를 내세워 증명함   ★ 증식 | 늘어서 많아짐. 또는 늘려서 많게 함

✏ **본문에 나온 한자어 '증식'을 활용한 예문을 작성해 보세요.**

예시　증식(增殖: 불어날 '증', 번성할 '식')
　　　현미경을 통해 세균의 **증식** 과정을 관찰해 봅시다.

여름철, 비릿한 '복사기 냄새'의 범인은?

> **개념 쏙쏙!** 오존(Ozone)
>
> 3개의 산소원자(O3)로 이루어진 푸른빛의 기체예요. 비릿한 냄새가 나며, 상온에서 분해되면서 산소가 되죠. 산화력*이 강해 산화제, 표백제, 살균제로도 사용됩니다.

어디선가 복사기 냄새가 솔솔~

불볕더위가 기승을 부리는 여름, 공기를 타고 전해지는 정체불명의 비릿한 냄새를 맡은 적 있나요? 마치 복사기를 작동할 때 나는 냄새와 닮아있는 이것의 정체는 바로 '오존'입니다. 특히 자외선 지수가 높은 여름철에는, 대기 중 오존량이 증가하기 때문에, 다른 계절에 비해 오존 냄새가 더 잘 느껴진다고 해요.

일상속에서도 오존을 발생시키는 기기들이 있어요. 복사기, 레이저 프린터 등의 사무기기와, 일부 공기청정기 등의 가전제품이 대표적이죠. 그래서 우리는 오존 발생 지점에서 복사기 냄새를 맡았던 거예요.

자외선 막아주는 '오존의 두 얼굴'

대기 중에 있는 오존의 약 90%는 지상으로부터 10~50km 사이에 있는 성층권*에 존재합니다. 이 오존은 오존층을 만들어 자외선을 차단하는 지구의 보호막 역할을 하죠.

하지만, 지상 10km 이내의 대류권*에 존재하는 나머지 10%의 오존의 경우, 인체에 안 좋은 영향을 줄 수 있어요. 이 오존에 반복적으로 노출되면 눈, 코, 호흡기 등을 자극해 염증을 유발하고, 심할 경우 심장병으로 이어질 수도 있습니다.

따라서 '오존 경보'가 발령된 날에는 가급적 외출을 자제하는 것이 좋아요. 또 하루 중, 오존 농도가 가장 높은 오후 2시에서 5시 사이에는 오존에 노출되지 않도록 특히 조심해야 합니다.

앞으로 거리나 실내에서 비릿한 복사기 냄새를 맡는다면, 다량의 오존이 발생했다는 경고라는 거 꼭 기억하세요!

기사를 읽고 퀴즈를 풀어보세요!

1 빈칸에 알맞은 단어를 채워 문장을 완성해 보세요.

　□□　은, 3개의 산소원자(O3)로 이루어진 푸른빛의 기체로, 비릿한 냄새가 나며, 상온에서 분해되면서 □□ 가 됩니다. 산화력이 강해 산화제, 표백제, 살균제로도 사용되죠.

2 다음 중, 오존 냄새와 비슷한 기기가 아닌 것을 고르세요. (　　　)

① 복사기
② 세탁기
③ 프린터
④ 일부 공기청정기

3 다음 내용을 읽고 맞으면 O, 틀리면 X를 표기하세요.

· 자외선 지수가 높은 여름철에 특히 오존 냄새가 더 잘 느껴진다. (　　　)
· 오존의 약 90%는 지상으로부터 10~50km 사이에 있는 대류권에 존재한다.
　(　　　)
· 하루 중, 새벽 2시에서 5시 사이에 오존 농도가 가장 높다. (　　　)

문해력 쑥쑥! 어휘사전

★ **산화력** | 어떤 물질을 산화하게 할 수 있는 힘

★ **성층권** | 지구 대기권의 한 영역으로, 대류권과 중간권 사이에 위치한다. 질소가 대부분이며, 온도나 기압의 변화가 없고 습도가 낮으며, 바람과 구름도 거의 없다.

★ **대류권** | 대기권의 가장 아래층. 두께는 위도와 계절에 따라 변화하지만, 대체로 약 10km 정도이며, 공기가 활발한 대류를 일으켜 기상현상이 발생한다.

실 '산', 될 '화', 힘 '력'	이룰 '성' 층 '층', 우리 '권'	대할 '대', 흐를 '류', 우리 '권'
酸化力	成層圈	對流圈

💬 본문에 나온 한자어를 소리 내어 읽고 써보세요.

81

도시로 이사 온 꿀벌들

> **개념 쏙쏙!** 도시 양봉
>
> 건물 옥상과 자투리땅*을 이용한 텃밭이나 공원 등 도시 한복판으로 서식지를 넓혀 꿀벌을
> 키우는 활동을 말해요.

꿀벌과 인간의 달콤한 공존 '도시 양봉'

산림이나 과수원, 채소밭 주변 등에서 이뤄지는 전통적인 양봉과 달리, 도심지 안에서 꿀벌을 기르는 활동을 '도시 양봉'이라고 해요.

양봉을 통해 꿀과 꽃가루를 얻는 것은 물론, 꿀벌이 꽃가루를 수분*시키는 작용을 통해 도시 내부의 생태계를 활성화할 수 있다는 것이 도시 양봉의 큰 장점으로 꼽힌답니다.

벌집을 기준으로 반경 2~3㎞ 이내에 충분한 밀원수*가 있다면, 도시 안에서도 양봉을 할 수 있는 조건이 충족되는데요. 과거에 비해 도심 환경에 대한 관심이 높아지면서, 꿀벌이 살아가기에 좋은 환경이 점차 늘어나고 있습니다.

도시 양봉은 외국에서는 이미 많이 볼 수 있는 산업이에요. 우리나라는 2012년에 서울시청 옥상에서 처음 시작했고, 이후 정책적으로 도시 양봉을 육성* 중이죠.

최근에는 ESG 경영의 일환으로 도시 양봉을 지원하는 기업들이 점차 늘고 있답니다.

꿀벌 부족 해결할 근본적 대안 아냐

안타깝게도, 꿀벌 부족으로 수분에 애를 먹고 있는 농가의 문제는 도시 양봉으로 해결할 수 없다고 해요. 도시 양봉이 이뤄지는 시내와 꿀벌이 부족한 지역의 농가는 서로 거리가 너무 멀기 때문인데요. 전체적인 꿀벌 개체 수 유지에는 도움이 되겠지만, 근본적으로 꿀벌 집단 폐사* 문제에 대한 대책을 찾아야 합니다.

뿐만 아니라, 벌 쏘임을 걱정하는 시민들의 거부감, 겨울잠을 자고 난 벌이 배출하는 대량의 배설물로 인한 피해 등도, 도시 양봉이 풀어야 할 숙제로 남아있습니다.

기사를 읽고 퀴즈를 풀어보세요!

1 빈칸에 알맞은 단어를 채워 문장을 완성해 보세요.

☐☐ ☐☐ 은 건물 옥상과 자투리땅을 이용한 텃밭이나 공원 등 도시 한 복판으로 서식지를 넓혀 꿀벌을 키우는 활동을 말해요.

2 다음 내용을 읽고 맞으면 O, 틀리면 X를 표기하세요.

· 도시 양봉은 우리나라에만 존재하는 산업이다. (   )

· 국내 최초로 도시 양봉을 시작한 곳은 서울시청 옥상이다. (   )

· 도시 양봉을 통해 농가가 겪는 꿀벌 집단 폐사 문제를 해결할 수 있다. (   )

3 ESG 경영의 일환으로 도시 양봉을 지원하는 기업의 사례를 찾아 적어 보세요.

문해력 쑥쑥! 어휘사전

★ **자투리땅** | 기준 평수에 미치지 못하는 작은 땅 조각

★ **수분** | 종자식물에서 수술의 꽃가루가 암술 머리에 붙어서 열매를 맺는 현상

★ **밀원수** | 꿀벌에게 꿀과 꽃가루를 제공하며 먹이를 제공하는 식물

★ **육성** | 어떤 일이나 인물, 대상 따위를 어떠한 목적을 전제로 가꾸어 키우거나 발전시킴

★ **집단 폐사** | 한꺼번에 짐승이나 어패류가 갑자기 죽음

✏️ **본문에 나온 한자어 '육성'을 활용한 예문을 작성해 보세요.**

예시   육성(育成 : 기를 '육', 이룰 '성')
정부가 중소기업 **육성**을 위한 계획안을 발표했다.

동남아 날씨의 한국…
계절이 바뀌고 있어요!

개념 쏙쏙! 지구온난화(Global Warming)

지구의 평균 기온이 점점 높아지는 현상을 말해요. 주로 자동차, 공장, 발전소 등에서 배출되는 온실가스가 대기 중에 쌓이면서, 지구가 태양으로부터 받은 열을 우주로 내보내지 못하게 막아 점점 더 뜨거워지는 거예요.

'몬순 기후' 영향으로 '사계절' 뚜렷한 한국

우리나라는 예로부터 봄에는 꽃이 만개*하고, 여름에는 장마와 무더위가 찾아오며, 가을에는 단풍이 물들고, 겨울에는 눈이 내리는 '뚜렷한 사계절'의 변화를 겪어왔어요. 이는 한국이 '온대 몬순 기후'에 속하기 때문입니다.

'몬순(Monsoon)'은 여름과 겨울에 대륙과 해양의 온도 차로 인해 1년 주기로 풍향*이 바뀌는 바람, 계절풍을 의미해요. 몬순의 영향을 받은 한국은, 여름에는 남쪽에서 북쪽으로, 고온 다습한 바람이 불어와 많은 양의 비가 내립니다. 반대로 겨울에는 차갑고 건조한 바람이 북쪽에서 남쪽으로 불어오죠.

지구온난화로 '아열대 기후'로 변해가요!

그런데 지구온난화의 영향으로, 한국에서 몬순 기후가 아닌 동남아시아 지역의 아열대 기후와 같은 특성이 자주 나타나고 있어요. 한국의 연평균 기온이 지속적으로 상승하면서, 여름철 폭염일수가 길어지고, 밤에도 25도 이상의 기온이 유지되는 '열대야' 현상이 빈번해지고 있습니다.

장마의 패턴도 달라졌어요. 6월 중순부터 7월 초까지 이어졌던 장마 시기가 7월 이후로 늦어졌을 뿐 아니라, 그 시작과 종료 시기도 불분명해졌죠. 또 장마의 전형적인 특성인 '지속적인 강수*' 대신, 갑자기 세찬 비가 단시간에 집중적으로 내리는 아열대 지역의 '스콜(Squall)'도 자주 목격되고 있어요.

전문가들은 기후 변화에 적응하기 위한 정책적 대응과 함께, 지역 사회와 생태계 보호를 위한 노력이 필수적이라고 강조하고 있습니다.

기사를 읽고 퀴즈를 풀어보세요!

1 내용이 서로 연결되는 말끼리 선을 이어보세요.

몬순 기후 •   • 여름밤 기온이 25도 이상 유지되는 현상

열대야 •   • 여름과 겨울에 바람의 방향이 바뀌는 기후

스콜 •   • 단시간에 세찬 비가 집중적으로 내리는 현상

지구온난화 •   • 온실가스 증가로 지구 평균 기온이 상승하는 현상

2 문장을 올바른 순서로 배열해 기사의 내용을 정리해 보세요.

① 이에 따라, 여름철 폭염일수가 길어지고, 장마의 시작과 종료 시기가 불분명해지고 있다.

② 전문가들은 지역 사회와 생태계 보호를 위한 노력이 필수적이라고 강조한다.

③ 한국은 원래 온대 몬순 기후에 속하는 나라다.

④ 그러나 지구온난화로 인해 한국의 연평균 기온이 상승하고 있다.

3 빈칸에 알맞은 단어를 채워 문장을 완성해 보세요.

지구온난화의 영향으로 인해, 한국에서 몬순 기후가 아닌 동남아시아 지역의 ☐☐☐ 기후와 같은 특성이 자주 나타나고 있어요.

문해력 쑥쑥! 어휘사전

★ 만개 | 꽃이 활짝 다 핌   ★ 강수 | 비, 눈, 우박, 안개 따위로 지상에 내린 물

★ 풍향 | 바람이 불어오는 방향

✎ 본문에 나온 한자어 '만개'를 활용한 예문을 작성해 보세요.

[예시] 만개(滿開 : 찰 '만', 열 '개')
봄이 오자, 들판의 꽃들이 **만개**했다.

잘 팔리는 옷의 두 얼굴 '패스트 패션'

개념 쏙쏙! 패스트 패션(Fast Fashion)

최신 유행을 반영한 의류를 빠르게 대량으로 생산해, 상대적으로 저렴한 가격에 공급하는 패션 사업을 말해요.

유행 따라 빠르게 바뀌는 '패스트 패션'

[출처=gloucestershirelive.co.uk]

주문만 하면 바로 먹을 수 있는 패스트푸드처럼, 최신 유행을 반영한 저렴한 의류를 빠르게 생산하고 유통하는 패션 사업을 '패스트 패션'이라고 해요.

시장의 유행을 빠르게 파악하고, 이를 바탕으로 대량의 상품을 제작해서 빠르게 매장에 내놓는 것이 패스트 패션의 최대 강점인데요. 자라, 유니클로, H&M 등과 같은 SPA*브랜드가 패스트 패션의 대표주자로 꼽히죠.

패스트 패션은 1990년대 이후 급속히 성장해서 현재는 세계 의류 시장의 약 절반을 차지하고 있는 산업이 됐어요. 싼 가격과 다양한 디자인으로 소비자들에게 꾸준히 사랑받고 있답니다.

태우고, 묻고…지구가 병들어가요!

그런데 패스트 패션이 유행하면서, 큰 문제가 발생했어요. 유행이 지나면, 팔리지 않은 옷들이 고스란히 버려진다는 점인데요. 한 해 동안 버려지는 옷 폐기물이 무려 100억 톤에 달한다는 분석이 나올 정도입니다.

옷 폐기물은 대부분 소각*하거나 땅에 묻어서 처리해요. 옷을 소각할 때 발생하는 이산화탄소, 다이옥신 등 각종 유해 물질들은 지구온난화를 유발해요. 또 매립지*에 묻힌 옷에서 나온 화학 물질들은 토양과 지하수를 오염시키죠.

이런 다양한 문제들이 꾸준히 제기되고 있지만, 패스트 패션은 여전히 세계 의류 시장을 움직이는 중심에 서 있어요. 패스트 패션에 의한 환경오염 문제를 해결하려면, 정부와 국제사회가 적극적으로 나서야 해요. 그리고 무엇보다 소비자 스스로가 패스트 패션 의류의 소비를 줄이고, 지속 가능한 패션 상품을 선택하는 노력을 기울여야 합니다.

기사를 읽고 퀴즈를 풀어보세요!

1 빈칸에 알맞은 단어를 채워 문장을 완성해 보세요.

최신 유행을 반영한 의류를 빠르게 대량으로 생산해 저렴한 가격에 공급하는 패션 사업을 [ ][ ][ ] [ ][ ][ ] 이라고 해요. 자라, 유니클로, H&M 등과 같은 SPA 브랜드가 대표적이죠.

2 다음 내용을 읽고 맞으면 O, 틀리면 X를 표기하세요.

· 한 해 동안 버려지는 옷 폐기물이 무려 100억 톤에 달한다. (   )

· 옷 폐기물은 대부분 바다에 버린다. (   )

· 옷 폐기물은 지구온난화를 유발한다. (   )

3 패스트 패션에 의한 환경오염 문제를 해결하기 위해, 우리가 할 수 있는 일은 무엇일까요? 실천 가능한 방안들을 고민해 적어보세요.

문해력 쑥쑥! 어휘사전

★ SPA ㅣ (Speciality retailer of Private label Apparel) 기획부터 생산, 유통까지 한 회사가 직접 맡아서 판매하는 의류 브랜드

★ 매립지 ㅣ 쓰레기나 폐기물 따위를 묻는 땅

★ 소각 ㅣ 불에 태워 없애 버림

✎ **본문에 나온 한자어 '소각'을 활용한 예문을 작성해 보세요.**

예시 소각(燒却 : 사를 '소', 물리칠 '각')

쓰레기를 무단으로 폐기하거나 **소각**하는 것은 불법이다.

맛있는 환경파괴자 '아보카도'

> **개념 쏙쏙!** 아보카도
>
> 멕시코가 원산지로, 비타민과 미네랄 등이 풍부한 건강 과일입니다. 하지만, 재배 과정에서
> 환경에 좋지 않은 영향을 주는 대표 작물로 꼽히기도 하죠.

아보카도의 숨은 비밀!

아보카도는 샌드위치, 샐러드, 롤, 비빔밥 등 다양한
먹거리와 잘 어울리는 과일이에요. 단백질, 비타민A,
칼슘, 철분, 인 등의 영양소가 풍부하고, 피부 보습·항
암 등의 효과가 있어 '녹색 금'이라는 별명을 얻을 정
도로 인기가 좋죠.

그런데 이런 아보카도에는 얼굴을 찡그리게 만드는 숨은 비밀이 있어요. 그것은 바로
재배 과정에서 환경에 안 좋은 영향을 주는 대표적인 작물이라는 점입니다.

지구를 병들게 하는 '녹색 금'

아보카도는 많은 물을 소비하는 작물이에요. 아보카도 열매 하나를 기르려면 약
320L에 달하는 물이 필요한데요. 오렌지(22L)나 바나나(150L)와 비교해 봐도 엄
청난 양입니다. 그런데 아보카도의 인기가 높아지면서 생산량을 늘리기 위해 물 소
비량도 더욱 늘어났어요. 일부 지역에선 지하수가 고갈*돼 심한 가뭄을 겪는 사태
가 벌어지기도 했죠.

세계에서 아보카도를 가장 많이 생산하는 나라는 '멕시코'입니다. 칠레, 페루 등 남
아메리카의 몇몇 나라와 뉴질랜드, 호주, 동남아시아 일부 지역에서도 아보카도를
재배하고 있어요. 이렇게 한정된 지역에서만 생산되다 보니, 주요 수입국인 미국,
중국, 한국까지 먼 거리를 비행기로 운송해야 해요. 그 과정에서 많은 탄소를 배출
한다는 오점*을 남기게 되는 거죠.

아보카도 생산량을 늘리기 위한 욕망은 숲을 베고 과수원을 만들겠다는 결론으로
이어졌어요. 그 결과, 멕시코에선 매년 약 6.9㎢의 숲이 파괴되고 있습니다.

영양이 풍부하고 맛있는 과일이지만, 현명한 소비를 위해선 아보카도 생산 과정의
이면*에 자리한 환경파괴의 문제점을 절대 간과*해서는 안 될 거예요.

1 다음 문장을 읽고 괄호 안에 알맞은 단어를 골라 동그라미 치세요.

(멕시코, 캐나다)가 원산지인 아보카도는 비타민과 미네랄 등이 풍부한 인기 과일 중 하나예요. 하지만 재배 과정에서 (건강, 환경)에 좋지 않은 영향을 주는 대표 작물로 꼽힙니다.

2 다음 중, '아보카도'와 관련된 설명으로 옳은 것은 무엇일까요? (   )

① '녹색 다이아몬드'라는 별명을 갖고 있다.

② 탄수화물과 지방이 풍부한 과일이다.

③ 피부 보습과 항암 효과가 있다.

④ 재배를 위해 소량의 물이 소비된다.

3 다음 내용을 읽고 맞으면 O, 틀리면 X를 표기하세요.

· 아보카도 생산량이 늘면 늘수록 탄소 배출량은 줄어든다. (   )

· 아보카도 재배를 위해 멕시코에선 매년 약 6.9㎢의 숲이 파괴되고 있다. (   )

문해력 쑥쑥! 어휘사전

★ 고갈 | 물이 말라서 없어짐

★ 오점 | 명예롭지 못한 흠이나 결점

★ 이면 | 겉으로 나타나거나 눈에 보이지 않는 부분

★ 간과 | 큰 관심 없이 대강 보아 넘김

✎ 본문에 나온 한자어 '고갈'을 활용한 예문을 작성해 보세요.

예시　고갈(枯渴 : 마를 '고', 목마를 '갈')

　　　미래에는 식수자원의 **고갈**로 물 전쟁이 발생할지도 모른다.

위기의 산호, '인공증식'으로 복원한다!

> **개념 쏙쏙!** 인공증식
>
> 야생동물을 자연 상태가 아닌 동물원이나 증식장에서 인위적인 방법으로 번식시키는것을 말해요.

바다의 숲 '산호'를 소개합니다!

 푸른 바닷속엔 '바다의 숲'으로 불리는 아주 특별한 생물이 살고 있어요. 얼핏 보면 알록달록한 바위 같기도 하고, 어떤 건 나뭇가지나 풀, 혹은 꽃 같기도 하죠. 독특한 생김새와 색깔을 가진 이 생물의 이름은 바로 '산호'예요.

 산호를 식물이라고 생각하는 친구들이 많겠지만, 사실 산호는 동식물성 플랑크톤과 바다의 부유물, 물고기의 배설물 등의 유기물*을 먹고 사는 '동물'이랍니다.

 산호는 해양 침식*으로부터 해안선을 보호해 줄 뿐만 아니라, 해양생물의 생활공간을 마련해 주는 고마운 존재예요. 전 세계 해양생물의 4분의 1이 산호가 밀집한 산호 지대에서 살아가는 걸 보면, 명실상부한 해양 생태계의 중심지라고 할 수 있죠.

'인공증식'으로 사라지는 산호를 구하라!

 문제는, 인간이 바다로 흘려보낸 각종 오염물질과 기후 변화에 의한 수온 상승으로 인해, 산호 지대가 매우 빠른 속도로 파괴되고 있다는 사실이에요. 실제로 2024년 역대급 고수온 현상이 발생한 제주 바다에선, 산호들이 백화현상*으로 집단 폐사하는 일이 발생했어요.

 산호는 1년에 1㎝ 정도 밖에 자라지 않아요. 그래서 한 번 훼손되면 원래 크기로 복원되기까지 오랜 시간이 걸리죠. 산호의 개체수 보호를 위한 노력이 절실한 이유입니다.

 산호를 지키는 방안 중 하나로, '인공증식'이 활용되고 있는데요. 산호의 가지 일부를 잘라 새로운 개체를 만드는 '무성생식'이 아닌, 자연적인 교배* 방식으로 이루어지는 '유성생식'을 통한 증식 방법이라는 점이 특징이에요.

 인공증식 기술은 환경 변화에 대한 적응력이 높고, 유전적인 다양성을 훼손하지 않는다는 점에서 산호초 복원을 위한 최적의 대안으로 높이 평가되고 있답니다.

기사를 읽고 퀴즈를 풀어보세요!

1 다음 문장이 설명하는 단어는 무엇인가요?

야생동물을 자연 상태가 아닌, 동물원이나 증식장에서 인위적인 방법으로 번식
시키는 것으로, 산호의 집단 폐사를 막기 위해 실시한 기술입니다.

2 다음 중, '산호'와 관련된 설명으로 옳은 것은 무엇일까요? (   )

① 산호는 해양 침식으로부터 해안선을 보호해 준다.

② 산호의 생김새는 모두 같다.

③ 산호는 해양생물의 무덤이다.

④ 바다의 수온 저하로 산호가 집단 폐사하고 있다.

3 다음 문장을 읽고 괄호 안에 알맞은 단어를 골라 동그라미 치세요.

인공증식 기술은 (도시 생활, 환경 변화)에 대한 적응력이 높고, (유전적인 다양성,
생태환경)을 훼손하지 않는다는 점에서 산호초 복원을 위한 최적의 대안으로 높이
평가되고 있답니다.

문해력 쑥쑥! 어휘사전

★ 유기물 | 동물, 식물 등의 생명체를 이루고
있는 물질

★ 침식 | 비, 하천, 빙하, 바람 따위의 자연
현상이 지표를 깎는 일

★ 백화현상 | 연안 암반 지역에서 해조류가
사라지고 흰색의 석회 조류가
달라붙어 암반 지역이 흰색으
로 변하는 것

★ 교배 | 동물이나 식물의 두 개체 사이에서
수정이 이루어지는 현상

✏️ **본문에 나온 한자어 '침식'을 활용한 예문을 작성해 보세요.**

예시 침식(浸蝕 : 잠길 '침', 좀먹을 '식')
기후변화로 인해 해안 **침식** 속도가 빨라지고 있다.

빙판길 녹이는 '제설제', 환경오염 유발한다고?

> **개념 쏙쏙!** 염화칼슘
>
> 염소와 칼슘의 화합물로, 녹으면 물의 어는점을 크게 낮추기 때문에 제설제로 많이 사용됩니다.

꽁꽁 얼어붙은 도로 위로 '제설차'가 지나갑니다!

매년 겨울이면, 전국 곳곳에 눈 소식이 들려옵니다. 눈이 온다는 기상 예보가 뜨면, 각 지자체는 제설 장비를 점검하고, 제설제 보관량을 확인하느라 분주해요. 꽁꽁 얼어붙은 도로는 사고 위험이 매우 크기 때문에, 눈이 오기 전에 미리 제설제를 뿌려 눈이 얼지 않게 대비하기 위해서죠.

제설제로 가장 많이 사용되는 화학물질은 염화칼슘이에요. 염화칼슘이 섞인 물은 어는점이 영하 50°C로 내려가서 잘 얼지 않아요. 게다가 가격도 싸고, 성능도 좋은 편이고요.

환경오염 없는 '친환경 제설제' 개발 절실해요!

이런 염화칼슘에도 치명적인 단점이 있습니다. 바로 환경오염의 원인이 될 수 있다는 점인데요. 녹은 눈을 타고 흘러간 염화칼슘이 토양과 물에 축적*되면, 토양이 산성화되고, 식물이 성장하지 못하거나 죽을 수도 있어요. 실제로 염화칼슘 과다 사용으로 인해 토양의 염도*가 높아져, 수많은 가로수가 죽어가고 있다는 뉴스가 언론 보도를 통해 전해진 바 있죠.

그 밖에도 염화칼슘은 금속과 콘크리트를 부식*시켜 차량과 도로를 망가뜨리는 원인으로 지목되기도 합니다.

염화칼슘의 대안으로, 옥수수나 불가사리로 만든 친환경 제설제가 주목받고 있긴 하지만, 가격과 성능 면에서 아직 염화칼슘을 완전히 대신할 수준은 아니라고 해요.

도로를 얼지 않게 도와주는 제설제. 하지만 환경과 연관 지어 생각하면, 아직 갈 길이 멀고 개선해야 할 점들도 많아 보입니다.

1 단어에 관한 설명을 토대로, 퍼즐 속에 숨은 어휘를 찾아 동그라미 치세요.

불	장	난	초	식	당
가	수	염	화	칼	슘
사	하	모	니	카	레
리	늘	나	무	제	마
미	소	리	궁	설	법
어	는	점	화	제	봉

① 염소와 칼슘의 화합물. 화학식은 CaCl₂이다. 녹으면 물의 어는점을 낮춘다. (4자)

② 물이 얼기 시작할 때 또는 얼음이 녹기 시작할 때의 온도 (3자)

③ 도로에 쌓이는 눈을 녹이는 물질 (3자)

④ 옥수수와 함께 친환경 제설제의 원료로 사용되는 별 모양의 극피동물 (4자)

문해력 쑥쑥! 어휘사전

★ **축적** | 지식, 자금, 경험 등을 모아서 쌓음

★ **염도** | 소금기가 함유되어 있는 정도

★ **부식** | 금속이 공기나 물 등의 화학 작용에 의해 삭아 가는 현상

쌓을 '축', 쌓을 '적'	소금 '염', 법도 '도'	썩을 '부', 좀먹을 '식'
蓄積	鹽度	腐蝕

💬 본문에 나온 한자어를 소리 내어 읽고 써보세요.

과학

AI가 찾아낸 '고래 언어'

> **개념 쏙쏙!** 향유고래 알파벳
>
> '딸각'하고 소리 내는 리듬을 가진 향유고래의 언어예요. 소리의 횟수, 리듬, 간격 등을 조합해 이야기를 주고받는 방식으로, 인간의 소리 언어와 비슷한 구조를 갖고 있어요.

'딸각딸각' 소리 내며 소통하는 '향유고래'

이빨고래류* 중에서 가장 몸집이 큰 향유고래는 최대 몸길이가 15~20m에 달하고, 무게는 최대 60톤이나 나가요. 지구상의 동물 중, 뇌의 크기도 가장 크죠. 이들은 수심 1천m 아래 깊은 바다에도 잠수할 수 있고, 무리를 지어 사냥하며 생활합니다.

향유고래는 아주 독특한 '의사소통 방법'을 사용해요. 서로 소통할 때 마우스를 클릭할 때 나는 '딸각'하는 소리를 내거든요.

'머신 러닝'으로 '고래 언어' 학습 중!

그런데 최근 MIT의 인공지능 연구소가 '향유고래가 내는 소리를 분석해 정교한 의사소통 체계를 찾아냈다.'라는 놀라운 연구 결과를 발표했어요.

연구팀이 사용한 방법은 인공지능(AI)을 활용한 **머신 러닝*** 기술이었어요. 연구팀은 도미니카 공화국에 있는 향유고래 보호구역에 서식* 중인 고래 60마리의 대화를 수년 동안 기록하고, 방대한 울음소리 기록을 AI에게 학습시켰습니다.

그 결과, 고래가 내는 '딸각' 소리에 여러 가지 조합이 있다는 것을 알아냈어요. 울음소리의 횟수, 리듬, 간격 등을 조합해 서로 이야기를 주고받는 방식으로, 마치 짧은소리와 긴소리를 조합해 글자를 만드는 인간의 '모스 부호*'의 원리와도 비슷하죠.

'고래의 대화 소리에 인간의 언어와 매우 유사한 구조가 있다.'라는 것이 연구팀의 결론이었는데요. 이를 '향유고래 알파벳' 또는 '고래어'라고 이름 붙였습니다.

아직 향유고래가 내는 소리의 조합이 어떤 의미인지까지는 파악하지 못했어요. 하지만 앞으로 AI 기술이 더욱 발전한다면, 동물의 언어 구조를 넘어 그 의미까지 파악하는 날이 올 거예요.

1 다음 문장을 읽고 괄호 안에 알맞은 단어를 골라 동그라미 치세요.

MIT의 인공지능 연구소가 '향유고래가 내는 소리를 분석해 정교한 의사소통 체계를 찾아냈어요. 연구팀이 사용한 방법은 AI를 활용한 (딥 러닝, 머신 러닝) 기술이었죠.

2 향유고래의 소통방식인 '딸각' 소리는 3가지의 조합을 통해 언어화되는데요, 다음 중, 언어 조합 요소에 해당하지 않는 것은 무엇인가요? (   )

① 소리의 횟수

② 소리의 크기

③ 소리의 리듬

④ 소리의 간격

3 다음 빈칸에 알맞은 단어를 채워 문장을 완성하세요.

향유고래의 의사소통 방식은 마치 짧은 소리와 긴 소리를 조합해 글자를 만드는

☐ ☐ ☐ ☐ ☐ 와 비슷한 원리라고 볼 수 있습니다.

문해력 쑥쑥! 어휘사전

★ **이빨고래류** ｜ 고래목에 속하는 포유류의 한 아목. 이빨을 가지고 있는 고래로서 세계적으로 약 70 여 종이 있다.

★ **머신 러닝** ｜ (Machine Learning) 컴퓨터가 스스로 방대한 양의 데이터를 분석하고, 그 내용을 바탕으로 결론을 내리는 AI 기술

★ **서식** ｜ 생물 따위가 일정한 곳에 자리를 잡고 삶

★ **모스 부호** ｜ (Morse Code) 점(·)이나 선(-)으로 표현된 짧거나 긴 전류를 나타내는 전자파의 조합을 통해 사용자가 메시지를 보낼 수 있도록 부호화한 문자

✎ 본문에 나온 한자어 '서식'을 활용한 예문을 작성해 보세요.

예시 ｜ 서식(棲息: 깃들일 '서', 쉴 '식')

그곳은 지역적인 특성 때문에 물고기의 **서식**이 불가능한 상태다.

'밤새 공부'하고 '시험 폭망', 이유가 뭐지?

> **개념 쏙쏙!** 수면 부족
>
> 잠을 충분히 자지 못해 신체적, 정신적으로 결핍된 상태를 이르는 말이에요

뉴런*과 뉴런의 연결고리, 시냅스*

시험을 앞두고 벼락치기 공부를 하느라 잠을 못 자서 다음 날 시험을 망친 경험, 한 번쯤 있을 거예요. 그런데 잠이 부족하면 뇌세포의 활동이 현저히 떨어진다는 사실이 연구 결과를 통해서 확인됐어요.

영국 에든버러대 국제 공동 연구진은 최근 '수면 부족이 뇌세포의 활동을 방해한다.'라는 내용의 연구 결과를 발표했어요. 해당 내용은 2024년 8월 2일, 국제 학술지 〈커런트 바이올로지〉에 게재*됐습니다.

인간의 뇌 속에는 감정, 기억, 학습 등을 담당하는 여러 가지 영역이 있어요. 영역별로 다양한 작업들을 빠르게 수행할 수 있는 건 '뉴런'이라는 신경세포가 새로운 감각 신호를 다른 뉴런에게 전달해 주기 때문인데요. 이때 '시냅스'라는 연결고리가 뉴런과 뉴런을 이어주는 중요한 역할을 합니다.

잠 못 자면 '기억력·학습 능력' 떨어져

연구진은 오랜 연구를 통해 뇌의 이런 신기한 활동을 촬영하는 기술을 개발했어요. 그리고 이 기술을 활용해 잠을 충분히 잔 쥐와, 그렇지 못한 쥐의 뇌를 비교했습니다. 그 결과, 잠이 부족한 쥐는 시냅스 연결이 잘 이루어지지 않는다는 것을 확인했어요. 그 중에서도 기억과 학습을 담당하는 '해마*' 부분의 연결 수가 크게 줄어든 것을 발견할 수 있었죠. 수면 부족이 실제로 기억과 학습에 방해가 된다는 것을 연구를 통해 증명한 거예요.

앞으로는 시험을 앞두고, 지나치게 잠을 줄여가며 공부하기보단, 적절한 수면을 통해 최상의 컨디션으로 실수를 줄이는 지혜를 발휘해 보면 어떨까요?

1 다음 문장이 설명하고 있는 이것은 무엇인가요?

> 잠을 충분히 자지 못해 결핍된 상태를 이르는 말로, 최근 영국 에든버러대 국제
> 공동 연구진이 '이것은 뇌세포의 활동을 방해한다.'라는 내용의 연구 결과를 발표
> 했습니다.

2 다음 중, 기사와 관련된 내용으로 옳은 것은 무엇인가요? (   )

> ① 시냅스는 뉴런과 뉴런을 이어주는 역할을 한다.
> ② 잠이 부족하면, 뇌세포의 활동이 훨씬 더 활발해진다.
> ③ 잠이 부족하면, 시냅스의 연결이 원활해진다.
> ④ 뉴런은 뇌가 한 가지 작업에 집중할 수 있게 도와준다.

3 수면 부족이 건강에 미치는 악영향에 대해 조사해 보세요.

★ **뉴런** ┃ (Neuron) 신경계를 이루는 기본적인 단위 세포

★ **시냅스** ┃ (Synapse) 신경세포와 신경세포가 서로 신호를 주고받는 연결 부위

★ **게재** ┃ 글이나 그림 따위를 신문이나 잡지 따위에 실음

★ **해마** ┃ 인간의 뇌에서 기억의 저장과 상기에 중요한 역할을 하는 기관

✎ **본문에 나온 한자어 '게재'를 활용한 예문을 작성해 보세요.**

[예시] 게재(揭載: 높이 들 '게', 실을 '재')
A신문의 장점은 심층적이고 분석적인 기사를 많이 **게재**한다는 점이다.

잠 도둑 모기, 'AI'로 잡는다!

개념 쏙쏙! **아이리스**

이스라엘 기업 '비지고(Bzigo)'가 개발한 모기 감지 장비. 광각* 카메라와 적외선 식별*
장치가 탑재*돼 모기를 감지하고, 레이저 광선을 쏴 위치를 표시합니다.

"앵~앵" 성가신 모기 잡는 기계의 등장

여름밤이면, 귓가를 맴돌며 단잠을 깨우는 불청객
이 있습니다, 바로 '모기'인데요. 녀석은 좀처럼 잘
잡히지도 않아 엄청난 스트레스를 주기도 합니다.
그런데 최근 이 성가신 잠 도둑을 잡아줄 기계가 등
장해 화제가 되고 있어요. 그 주인공은 바로 '아이리
스'입니다.

▲AI 모기 추적기 '아이리스'
[출처=bzigo.com]

이스라엘 스타트업 '비지고'가 개발한 AI 모기 추적기 아이리스는 가로, 세로가
각각 8㎝, 높이는 6㎝인 작은 직육면체 모양의 기계인데요. 기기 안에 삽입된 광각
카메라와 적외선 식별 장치로 날아오는 모기의 위치를 찾아냅니다. 적외선 LED가
장착돼 있어 어두운 곳에서도 추적이 가능하죠. 신기한 점은, 모기 외에 다른 곤충
이나 먼지 등에는 반응하지 않는다는 거예요.

주인님, 안방에 모기 2마리 잡으세요!

모기를 감지하면, 감지된 지점에 레이저를 쏴요. 모기의 위치를 알려주는 용도이기 때
문에 출력이 낮은 레이저를 사용하죠. 덕분에 모기나 사람을 다치게 하진 않아요. 레이
저가 가리킨 위치로 가서 모기를 잡는 건 사람의 몫이랍니다.

아이리스는 스마트폰으로 모기의 위치를 보내주기도 해요. 예를 들어, "안방에 모기
2마리가 있어!"라고 알려주는 건데요. 집에 있는 가족에게 정보를 알려주면, 편리하게
모기를 퇴치할 수 있습니다.

아이리스 사용자들은 앞으로 꼭꼭 숨어있는 모기를 찾아 방안 구석구석을 헤맬 일은
없겠네요.

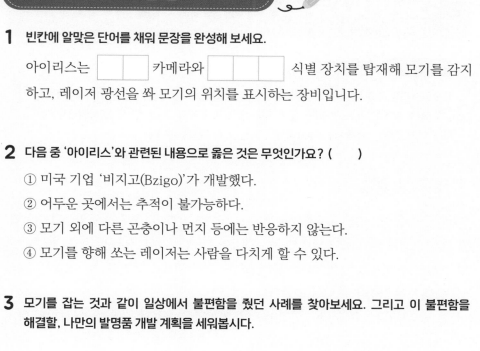

기사를 읽고 퀴즈를 풀어보세요!

1 빈칸에 알맞은 단어를 채워 문장을 완성해 보세요.

아이리스는 [ ] 카메라와 [ ] 식별 장치를 탑재해 모기를 감지
하고, 레이저 광선을 쏴 모기의 위치를 표시하는 장비입니다.

2 다음 중 '아이리스'와 관련된 내용으로 옳은 것은 무엇인가요? (　　)

① 미국 기업 '비지고(Bzigo)'가 개발했다.

② 어두운 곳에서는 추적이 불가능하다.

③ 모기 외에 다른 곤충이나 먼지 등에는 반응하지 않는다.

④ 모기를 향해 쏘는 레이저는 사람을 다치게 할 수 있다.

3 모기를 잡는 것과 같이 일상에서 불편함을 줬던 사례를 찾아보세요. 그리고 이 불편함을
해결할, 나만의 발명품 개발 계획을 세워봅시다.

문해력 쑥쑥! 어휘사전

★ **광각** | 넓은 각도. 특히 사진에서 렌즈의 사각　　★ **탑재** | 배, 비행기, 차 따위에 물건을 실음
　　　　이 넓은 것을 이른다.

★ **식별** | 분별해서 알아봄

넓을 '광', 뿔 '각'	알 '식', 나눌 '별'	탈 '탑', 실을 '재'
廣角	識別	搭載

 본문에 나온 한자어를 소리 내어 읽고 써보세요.

뇌 100% 쓰면, 초능력자 될까?

> **개념 쏙쏙!** 유사과학(Pseudoscience)
>
> 거짓말이라는 뜻의 'Pseudo'와 과학을 뜻하는 'Science'가 합쳐진 말이에요. 객관적인 실험이나 증거 없이 '~라더라' 등의 출처 없는 소문이나 그럴듯한 말로 사람들을 현혹* 시켜 마치 검증된 과학처럼 인식하게 만드는 가짜 과학을 뜻하죠.

'유사과학'의 함정

'뇌의 능력을 100%까지 사용하게 되면서, 초인적인 힘을 갖게 된 주인공의 이야기' 를 다룬 영화가 있어요. 실제로 많은 사람들이 '평생 인간이 사용하는 뇌의 용량이 고 작 10% 정도밖에 되지 않는다.'라고 믿고 있죠. 그런데 놀랍게도 이미 인간은 뇌의 100%를 모두 사용하고 있다고 합니다.

신경 과학자인 배리 고든은 "인간이 뇌의 10%만을 사용할 수 있다면, 나머지 90% 영역이 손상돼도 뇌의 기능에는 아무런 문제가 없어야 한다."라며 "실제로 손상을 입 었을 때 기능을 잃지 않는 뇌의 영역은 어디에도 없다.'라고 반박했죠.

한 마디로 '뇌사용 10% 설'은 잘못된 정보라는 거예요. 이처럼 객관적인 실험이나 증거 없이 '~라더라' 등의 출처 없는 소문을 마치 검증된 과학처럼 인식하게 만드는 것을 '유사과학'이라고 합니다.

제멋대로 추가된 '단어 10%'

그렇다면 '뇌사용 10% 설'은 대체 어디에서 나온 걸까요? 1890년대, 하버드 대학교의 심리학자 윌리엄 제임스가 천 재적인 재능을 가진 한 아이를 연구하면서 "사람들은 자신 의 지적 잠재력의 극히 일부밖에 경험하지 못하고 살아간 다."라고 주장했는데요. 이 주장이 1936년 미국의 유명 저널리스트인 로웰 토마스에 의해 와전*되면서 오류가 발생했습니다.

로웰 토마스는 데일 카네기의 저서 〈사람을 움직이는 기술〉에 보낸 서문*에서 "하버 드 대학의 윌리엄 제임스 교수는 평균적인 인간은 그 지적 잠재 능력의 10% 밖에 발휘 하지 않는다고 말했다."라고 기록했어요. 실제 윌리엄의 주장에서 빠져 있던 '10%'라는 단어를 제멋대로 넣은 거죠. 때문에 '뇌사용 10% 설'이 정설* 로 남게 된 것입니다.

1 다음 문장을 읽고 괄호 안에 알맞은 단어를 골라 동그라미 치세요.

유사과학이란, (진실, 거짓말)이라는 뜻과 과학이라는 뜻이 합쳐진 단어로, 객관적인 실험이나 증거 없이 '~라더라' 등의 출처 없는 소문을 마치 검증된 과학처럼 인식하게 만드는 (가짜, 진짜) 과학을 말해요.

2 다음 중, 기사와 관련된 내용이 아닌 것을 모두 고르세요. (　　　　)

① 인간은 평생 뇌의 10%만 사용하고 죽는다.

② 뇌는 손상을 입으면, 그 기능을 상실한다.

③ 뇌의 100%를 다 사용해도, 초능력자가 될 순 없다.

④ '뇌사용 10% 설'은 영화 시나리오에서 탄생했다.

3 '뇌사용 10% 설'처럼 진짜로 둔갑한 '유사과학'의 사례를 조사해 보세요.

★ **현혹** | 정신을 빼앗겨 하여야 할 바를 잊어버림. 또는 그렇게 되게 함

★ **서문** | 책이나 논문 따위의 첫머리에 내용이나 목적 따위를 간략하게 적은 글

★ **와전** | 사실과 다르게 전함

★ **정설** | 일정한 결론에 도달해 이미 확정하거나 인정한 설

어지러울 '현', 미혹할 '혹'	그릇될 '와', 전할 '전'	차례 '서', 글월 '문'	정할 '정', 말씀 '설'
眩惑	訛傳	序文	定說

💬 본문에 나온 한자어를 소리 내어 읽고 써보세요.

'달'이 사라지면, '갯벌'도 사라진대!

개념 쏙쏙! 조수* 간만의 차

밀물과 썰물의 변화에 따라 하루 중 해수면*이 가장 높을 때(만조)와 낮을 때(간조)의 차이를 말해요.

달이 실종된다면?

만약 우주에서 달이 사라진다면, 우리가 사는 지구는 어떻게 될까요? 1년 365일, 밤하늘을 비추는 달이 사라진다는 다소 허무맹랑한 상상이 현실이 된다면, 아마 지구엔 크나큰 변화가 찾아올 거예요. 그중 하나가 바로 '갯벌의 실종'입니다.

갯벌은 지구와 달이 서로 당기는 힘인 '인력'에 의해 생겨나요. 지구와 달이 일직선인 지점에서, 달이 당기는 힘 때문에 바닷물이 몰리는 '밀물'이 생겨나고, 반대쪽에서는 물이 빠져나가는 '썰물' 현상이 발생하게 되는데요. 밀물과 썰물이 만들어 내는 '조수 간만의 차'가 갯벌을 만들어냅니다.

갯벌 생태계 와르르 무너져요!

그런데 달이 사라지면, '조수 간만의 차'가 발생하지 않을 테고, 갯벌은 더 이상 바닷물에 잠기지 않는 마른 땅으로 변하게 될 거예요. 그렇게 되면 갯벌에 서식하던 조개나 게, 어린 물고기들의 모습도 영영 볼 수 없겠죠.

또한 갯벌은 철새의 귀중한 휴식처이기도 해요. 철새들은 갯벌에서 갯지렁이나 작은 게 등을 잡아먹으며 다음 목적지를 향한 여정*을 준비하는데요. 갯벌이 사라지면 철새는 무사히 여행을 마치지 못할 거예요.

이처럼 달의 실종은 갯벌 생물들의 터전을 완전히 무너뜨리고, 나아가 바다의 생태계까지 위협할 수 있어요. 단순한 상상에서 출발했지만, 정말 무시무시한 결과를 초래할 수 있는 가정이 아닐까 싶어요.

기사를 읽고 퀴즈를 풀어보세요!

1 단어에 관한 설명을 토대로, 퍼즐 속에 숨은 어휘를 찾아 동그라미 치세요.

위	갯	장	어	판	장
장	벌	크	업	계	산
술	국	민	재	학	생
조	수	간	만	의	차
가	시	덤	불	지	력
비	눗	물	인	력	거

① 밀물 때는 물에 잠기고 썰물 때는 물 밖으로 드러나는 모래 점토질의 평탄한 땅 (2자)

② 밀물과 썰물의 변화에 따라 하루 중 해수면이 가장 높을 때와 낮을 때의 차이 (6자)

③ 공간적으로 떨어져 있는 물체끼리 서로 끌어당기는 힘. 지구와 달 사이에도 이 힘이 존재한다. (2자)

문해력 쑥쑥! 어휘사전

★ **조수** | 밀물과 썰물을 통틀어 이르는 말   ★ **여정** | 여행의 과정이나 일정

★ **해수면** | 바닷물의 표면

밀물 '조', 물 '수'	바다 '해', 물 '수', 낯 '면'	나그네 '여', 길 '정'
潮水	海水面	旅程

💬 본문에 나온 한자어를 소리 내어 읽고 써보세요.

현실과 가상의 쌍둥이 '디지털 트윈'

> **개념 쏙쏙!** 디지털 트윈(Digital Twin)
>
> 실시간으로 수집한 현실의 데이터를 가상 화면에 반영해 동일하게 구현하는 기술로, 제조업에서는 가상의 공간에서 현실의 기계, 장비, 구조 등을 그대로 복사한 쌍둥이 공장을 운영합니다.

쌍둥이 공장을 아시나요?

현대차그룹의 '싱가포르 글로벌 혁신센터(HMGICS)'는 아주 특별한 기술이 적용된 곳으로 알려져 있습니다. 이곳엔 자동차 공장의 핵심이었던 컨베이어 벨트* 조립 구간이 없는 대신, 작은 구역별로 조립이 진행되는 '셀 생산방식'을 적용하고 있어요. 자동차 부품은 물류 로봇이 운반하고, 전체 공정*을 지휘실에서 확인하고 제어합니다.

축구장 6개 규모의 건물에서 생산 구역별로 부품을 나르고, 완제품을 테스트하고, 고객에게 완성된 차량을 넘기는 일은 꽤나 복잡한 과정인데요. 이런 공정 과정을 효율적으로 관리하기 위해 도입한 기술이 바로 '디지털 트윈'입니다. 가상의 공간에서 현실의 기계, 장비, 구조 등을 그대로 복사한 쌍둥이 공장을 운영하는 방식이죠.

가상과 현실의 연결고리, 생산성 높여요!

일반적인 공장 시스템의 경우, 생산 라인에 문제가 생기거나, 운영 조건 등을 변경할 때, 공장 가동을 멈추고 현장에 직접 인력을 투입해야 해요. 이는 많은 시간과 비용이 드는 만큼, 그동안 생산성을 떨어뜨리는 요인이 돼왔습니다. 하지만 디지털 트윈을 도입하면서 문제가 될 부분들을 가상의 환경에서 미리 감지하고, 로봇이나 장비를 원격으로 제어해 효율적으로 대처할 수 있게 된 거예요.

현재 HMGICS의 디지털 트윈 기술은, 현실 공장의 활동 정보가 가상 세계의 쌍둥이 공장에 업데이트*돼, 공장 전체의 모든 활동을 모니터링 할 수 있는 수준입니다. 하지만 머지않은 미래에는 가상의 쌍둥이 공장에서 업무를 지시하면, 현실 공장의 공정이 바뀌는 혁신적인 시스템이 구축될 거라고 합니다.

기사를 읽고 퀴즈를 풀어보세요!

1 빈칸에 알맞은 단어를 채워 문장을 완성해 보세요.

[　][　][　][　][　] 은 실시간으로 수집한 현실의 데이터를, 가상 화면에 반영해 동일하게 구현하는 기술이에요. 제조업의 경우, 가상의 공간에서 현실의 기계, 장비, 구조 등을 그대로 복사한 [　][　][　] 공장을 운영합니다.

2 다음 내용을 읽고 맞으면 O, 틀리면 X를 표기하세요.

· 싱가포르 글로벌 혁신센터에는 컨베이어 벨트 조립 구간이 많다. (　　)
· 디지털 트윈을 통해 공장의 모든 활동을 효율적으로 모니터링 할 수 있다. (　　)
· 가상과 현실을 연결하는 디지털 트윈 기술은 생산성을 높이는 역할을 한다. (　　)

3 '디지털 트윈' 기술이 활용된 국내 기업의 사례들을 조사해 보세요.

문해력 쑥쑥! 어휘사전

★ **컨베이어 벨트** | (Conveyor Belt) 물건을 연속적으로 이동·운반하는 띠 모양의 장치

★ **업데이트** | (Update) 기존 정보를 최신 정보로 바꿈

★ **공정** | 한 제품이 완성되기까지 거쳐야 하는 하나하나의 작업 단계

✏️ 본문에 나온 한자어 '공정'을 활용한 예문을 작성해 보세요.

[예시] 공정(工程: 장인 '공', 한도 '정')
생산품의 불량률을 낮추기 위해 모든 **공정**을 자동화했다.

인공지능, '위험도'로 구분한다!

> **개념 쏙쏙!** AI 규제법
>
> 유럽연합(EU)이 선거·사법·금융·의료·교육 등 각 분야에서 AI 기술의 허용 범위와 규제 대상 등을 규정*한 세계 최초의 법을 말해요. 사회에 부정적인 영향을 줄 위험이 높을수록 더욱 엄격한 규제를 적용하기 위해 만들어졌죠.

AI 규제의 시대를 연 'AI법'

2024년 5월, 유럽연합 의회가 AI 규제에 관한 내용을 담은 'AI 법'을 최종 승인했어요. 이 법안에선 AI의 위험한 정도를 '사용 목적'에 따라 4가지로 구분하고 있습니다.

"위험이 적어요"

'최소 위험 AI'는 가장 안전한 AI예요. 그래픽을 보완하는 AI, 자동으로 스팸 메시지를 차단하는 AI 등이 해당됩니다. 인권을 침해하거나, 안전상의 문제를 일으킬 가능성이 매우 낮은 등급이에요.

"경계 필요해요"

'중간 위험 AI'는 딥페이크*처럼 콘텐츠를 만들거나 조작할 수 있는 AI, 챗봇*처럼 인간과 상호작용을 하는 AI로, 악용될 경우, 잘못된 정보를 퍼뜨릴 수 있어 위험도가 좀 더 높아진 단계입니다.

"상당히 위험해요"

'높은 위험 AI'는 인간의 기본권이나 안전에 악영향을 줄 수 있어 매우 주의가 필요한 등급이에요. 의료나 금융 등의 서비스를 관리하는 AI나 자율 주행 AI 등이 속하죠. '높은 위험 AI'는 유럽연합의 관리 목록에 등재*돼 경계 대상이 됩니다.

"금지해야 해요"

'금지 대상 AI'는 '이러한 용도로는 AI를 사용해선 안 된다'라고 본 등급입니다. 사람의 행동에 따라 사회적 신용 점수를 매기는 AI, CCTV로 촬영된 얼굴로 신원을 파악하는 AI가 여기에 해당됩니다.

기사를 읽고 퀴즈를 풀어보세요!

1 다음 문장이 설명하고 있는 이것은 무엇인가요?

이것은 유럽연합(EU)이 선거·사법·금융·의료·교육 등, 각 분야에서 AI 기술 허용 범위와 규제 대상 등을 규정한 세계 최초의 법을 말해요.

☐

2 다음 중 내용이 서로 연결되는 단어끼리 선을 이어보세요.

최소 위험 AI •   • 자율 주행 AI

중간 위험 AI •   • CCTV 촬영본으로 신원 파악하는 AI

높은 위험 AI •   • 자동 스팸 메시지 차단 AI

금지 대상 AI •   • 딥페이크, 챗봇

3 AI 규제법에선 AI의 위험한 정도를 '사용 목적'에 따라 구분하고 있는데요. 그 이유는 무엇일까요?

문해력 쑥쑥! 어휘사전

★ **규정** | 규칙으로 정함. 또는 정해 놓은 것

★ **딥페이크** | (Deepfake) 인공 지능 기술을 이용해 사진이나 영상을 조작하는 일

★ **챗봇** | (Chatbot) 문자나 음성으로 사용자와 대화를 나눌 수 있도록 시스템이 구현된 컴퓨터 프로그램

★ **등재** | 일정한 사항을 장부나 대장에 올림

✎ 본문에 나온 한자어 '규정'을 활용한 예문을 작성해 보세요.

예시 규정(規定: 법 '규', 정할 '정')

학폭 가해자 학생은 학교 **규정**에 따라 정학 처분을 받았다.

'우주 쓰레기' 소탕 작전!

> ### 개념 쏙쏙! 우주 쓰레기
>
> 지구 궤도*를 돌지만, 사용할 수 없는 모든 인공 물체를 말해요. 초기의 로켓에서 분리된 보조 추진 장치, 부서진 우주선의 파편, 수명이 끝난 인공위성, 우주 비행사가 떨어뜨린 공구나 장갑 등 종류도 다양합니다.

지구를 위협하는 수억 개의 우주 쓰레기

우주 공학이 발전하는 만큼, 우주는 쓰레기로 넘쳐나요. 유럽우주국에 따르면 움직임이 확인되는 10㎝ 이상의 우주 쓰레기는 4만 개 이상이라고 합니다. 나사·페인트 조각 등 레이더에 포착되지 않는 쓰레기까지 합치면 수억 개가 넘는 쓰레기가 우주에 떠다니는 것으로 추정*되고 있죠.

이 어마어마한 우주의 골칫덩이는 인류에게 위협적인 존재로 다가오고 있는데요. 지구상의 모든 인간에게 우주 쓰레기 문제를 해결해야 할 의무가 생긴 거예요.

골칫덩이 '우주 쓰레기'를 제거하라!

그런 가운데 최근 과학기술정보통신부가 임무를 마치고 우주를 떠돌고 있는 대한민국 위성을 지구 대기권으로 유인해 제거하는 '포획 위성' 개발에 착수*했어요. '우주물체 능동 제어 기술'이 적용된 소형위성을 개발해 2027년 발사되는 누리호에 실어 우주로 보낸다는 계획입니다.

우주물체 능동 제어란, 위성이나 소행성과 같은 우주물체에 접근해 로봇팔이나 그물 등으로 붙잡아 위치나 궤도를 바꾸는 기술이에요. 이 기술로 고도 500㎞ 위에 존재하는 우주 잔해물을 지구 대기권으로 끌어와 소멸시키는 거죠.

우주물체 능동 제어 기술은 우주 쓰레기를 소멸시키는 것 외에도, 연료 보급*이나 수리 등을 통해 위성의 임무 수명을 연장하는 용도로도 활용될 수 있다고 합니다.

쓰레기로 둘러싸인 지구를 지키기 위한 아름다운 노력이 빛을 발하길 기대합니다.

1 다음 문장을 읽고 괄호 안에 알맞은 단어를 골라 동그라미 치세요.

우주 쓰레기란, 지구 궤도를 돌지만, (사용할 수 없는, 사용할 수 있는) 모든 인공 물체를 말해요. 유럽우주국에 따르면 현재 주기적인 궤도로 움직임이 추적되는 (1㎝, 10㎝) 이상의 우주 쓰레기는 4만 개 이상이라고 합니다.

2 다음 중, '우주 쓰레기'에 해당하지 않는 것을 고르세요. (   )

① 초기의 로켓에서 분리된 보조 추진장치

② 수명이 끝나지 않은 인공위성

③ 부서진 우주선의 파편

④ 우주 비행사가 떨어뜨린 장갑

3 로봇팔이나 그물 등으로 우주 쓰레기를 붙잡아 위치나 궤도를 바꾸는 방법 외에, 우주 쓰레기를 제거하는 방법으로 어떤 것들이 있는지 조사해 보세요.

★ 궤도 | 행성이나 인공위성 따위가 중력의 영 향을 받아 다른 천체의 둘레를 돌면서 그리는 곡선의 길

★ 추정 | 미루어 생각해 판정함

★ 착수 | 어떤 일에 손을 댐. 또는 어떤 일을 시 작함

★ 보급 | 물자나 자금 따위를 계속해서 대어 줌

바큇자국 '궤', 길 '도'	밀 '추', 정할 '정'	붙을 '착', 손 '수'	기울 '보', 줄 '급'
軌道	推定	着手	補給

💬 본문에 나온 한자어를 소리 내어 읽고 써보세요.

하품은 왜 전염될까?

> **개념 쏙쏙!** 거울 뉴런(Mirror Neuron)
>
> 다른 사람의 행동을 거울처럼 반영*한다고 해서 붙여진 이름으로, 상대방이 행동하는 특정한 움직임을 관찰할 때 활동하는 신경세포를 말해요.

따라쟁이 뇌세포 '거울 뉴런'

옆자리에 앉은 친구가 하품을 하면 나도 모르게 하품을 따라 하게 되는 경험, 한 번쯤 있지 않나요? 특별히 졸리거나 피곤하지 않은데도, 상대방의 하품을 따라 하는 이유! 그것은 바로 따라쟁이 뇌세포 '거울 뉴런' 때문입니다.

거울 뉴런은 타인이 행동하는 특정한 움직임을 관찰할 때 활동하는 신경세포를 말해요. 상대방의 행동을 거울처럼 반영한다고 해서 붙여진 이름이죠.

거울 뉴런은 1996년, 신경심리학자인 자코모 리촐라티 연구팀이 진행한 '원숭이 실험'을 통해 처음 발견됐어요. 연구팀은 원숭이가 손으로 물체를 잡을 때 관여하는 신경세포를 연구 중이었는데요. 실험 도중, 놀라운 발견을 하게 됩니다.

실험에 참여한 원숭이는, 다른 원숭이나 사람이 하는 동작을 보기만 해도, 스스로 음식을 집었을 때와 똑같은 신경 세포 반응이 나타난 거예요.

'감정 복사'까지 가능한 놀라운 전염력

거울 뉴런은 행동의 모방*은 물론, 감정을 모방하는 '공감'으로 이어지기도 해요. 영화 속에서 슬픔에 빠진 주인공이 눈물을 흘리는 장면을 보고, 똑같이 눈물을 흘리는 행동이 바로 그것인데요. 실제로 눈물을 흘린 사람과 눈물을 흘리는 장면을 본 사람의 뇌를 촬영한 결과, 동일한 부분의 신경이 자극되는 것을 확인할 수 있었습니다.

과학자들은 오늘날 인류가 도구를 사용하고, 감정을 공유할 수 있게 된 것에 대해 거울 뉴런의 역할이 매우 중요한 역할을 했다고 보고 있어요. 비록 아직은 풀어야 할 숙제가 많이 남아있지만, 거울 뉴런의 발견이 인류 진화*의 비밀을 풀어가는 중요한 열쇠가 됐다는 점은 분명해보입니다.

1 빈칸에 알맞은 단어를 채워 문장을 완성해 보세요.

거울 뉴런은 다른 사람의 행동을 ☐☐ 처럼 반영한다고 해서 붙여진 이름으로, 상대방이 행동하는 특정한 움직임을 관찰할 때 활동하는 신경세포를 말해요. 1996년, 신경심리학자인 자코모 리촐라티 연구팀이 진행한 '☐☐☐ 실험' 을 통해 처음 발견됐죠.

2 다음 내용을 읽고 맞으면 O, 틀리면 X를 표기하세요.

· 누군가 하품을 하면 나도 모르게 따라하게 되는 건, 우연의 일치다. ( )
· 영화 속 주인공이 눈물을 흘리는 장면을 보고, 같이 눈물을 흘리는 것은 거울 뉴런의 공감 반응 때문이다. ( )
· 거울 뉴런의 발견은 인류 진화의 비밀을 풀어줄 열쇠다. ( )

3 하품을 따라 하는 것처럼 우리 주변에서 '거울 뉴런'의 반응을 확인할 수 있는 예를 찾아 적어보세요.

문해력 쏙쏙! 어휘사전

★ **반영** | 다른 것에 영향을 받아 어떤 현상이나 타남. 또는 어떤 현상을 나타냄

★ **진화** | 생물이 생명의 기원 이후부터 점진적으로 변해 가는 현상

★ **모방** | 다른 것을 그대로 본떠서 만들거나 옮겨 놓음

돌이킬 '**반**', 비칠 '**영**'	본뜰 '**모**', 본받을 '**방**'	나아갈 '**진**', 될 '**화**'
反映	模倣	進化

💬 본문에 나온 한자어를 소리 내어 읽고 써보세요.

'눈송이 모양'을 결정짓는 2가지!

> **개념 쏙쏙!** **결정**
>
> 입자들이 규칙적이고 반복적으로 배열*돼 있는 구조를 뜻해요. 보통은 고체 상태를 이루고 있답니다.

하얀 눈송이, 어떻게 만들어질까?

하늘에서 펄펄 내리는 하얀 눈송이를 보고 있으면, 왠지 마음이 몽글몽글해져요. 그런데 여러분은 눈이 어떻게 만들어지는지 알고 있나요?

수증기를 한가득 머금은 공기가 하늘로 올라가면, 공기가 팽창하면서 온도가 점점 내려가요. 온도가 0℃ 이하로 떨어지면 공기 속 수증기는 얼음 알갱이가 되거나 안개, 구름을 만드는데요. 구름 속 온도가 영하 20℃에 가까워지면, 수증기의 대부분은 커다란 얼음 결정으로 바뀌게 됩니다.

커질 대로 커진 얼음 결정은 중력*에 의해 땅으로 떨어져요. 그 과정에서 또 다른 얼음 알갱이나 수증기, 먼지 등과 합쳐지면서 우리가 보는 눈송이로 내리게 되는 거죠. 눈 결정이 단독으로 내리는 경우도 있는데요. 이것이 바로 함박눈입니다.

'온도'와 '습도'가 눈 모양을 결정한대!

눈송이 모양을 결정짓는 건 바로 온도와 습도예요. 눈 결정은 온도와 습도에 따라 판형과 기둥형으로 자라는데요. 결정이 만들어질 당시, 구름 속 공기의 온도가 낮고 습기가 많을수록 모양은 더욱 복잡하고 정교*해집니다.

판형 눈 결정은 평평한 육각형처럼 보이는데, 기온이 영하 15℃일 때 만들어져요. 기둥형 눈 결정은 긴 얼음 바늘과 비슷한 모양을 갖고 있으며, 영하 5℃ 또는 영하 20℃ 이하일 때 만들어지죠.

이렇게 만들어진 눈 결정은 육각형 모양, 기둥 모양, 둥근 모양, 삼각형 모양, 바늘 모양, 불규칙한 모양 등 무려 3천 가지가 넘는답니다.

1 빈칸에 알맞은 단어를 채워 문장을 완성해 보세요.

눈송이 모양을 결정짓는 건 ☐☐ 와 ☐☐ 예요. 눈 결정은 온도와 습도에 따라 ☐ 형과 ☐☐ 형으로 자라는데요. 결정이 만들어질 당시, 구름 속 공기의 온도가 낮고 습기가 많을수록 모양은 더욱 복잡하고 정교해집니다.

2 다음 중, '눈 결정의 모양'이 아닌 것을 고르세요. ( )

① 육각형모양

② 둥근모양

③ 삼각형모양

④ 사다리꼴모양

3 다음 내용을 읽고 맞으면 O, 틀리면 X를 표기하세요.

· 결정의 구조는 불규칙적으로 배열돼 있어요. ( )

· 결정은 액체 상태로 이루어져 있어요. ( )

· 눈 결정의 모양은 3천 가지가 넘어요. ( )

문해력 쑥쑥! 어휘사전

★ **배열** ㅣ 일정한 차례나 간격에 따라 벌여 놓음   ★ **정교하다** ㅣ 정확하고 치밀하다

★ **중력** ㅣ 지표 부근에 있는 물체를 지구의 중심
         방향으로 끌어당기는 힘

✎ 본문에 나온 한자어 '배열'을 활용한 예문을 작성해 보세요.

[예시] 배열(配列: 짝 '배', 벌일 '열')
    책장의 책들이 출판사 별로 깔끔하게 **배열**돼 있었다.

부록

· 요모JO모 뉴스
· 정답

이 세상에는 매일 수많은 일들이 벌어지고 있어! 기쁘고 즐거운 일도 있지만 때로는 슬프고 화나는 일도 일어나지. 무슨 일일까 궁금하지 않아? 그래서 준비했어! 넘쳐나는 이야기 속 너희들이 주목할 만한 소식만 콕콕 찍어 모아왔다구! 과연 세상엔 어떤 흥미로운 일들이 벌어지고 있을까?

진로N

국제무대에서 활약하는 한국인들

한국인들이 국제무대에서 '최초' 타이틀을 거머쥐면서 두각을 나타내고 있어! 가장 먼저, 한강 작가. '노벨문학상'을 수상하면서 한국 문학의 세계적 위상을 증명했지. 클래식 음악 분야에서는 피아니스트 임윤찬이 한국인 최초로 '그라모폰' 2관왕에 올랐어.

또 골프계의 전설 박세리는 한국 여성 최초로, 골프 산업 발전과 한미 관계 증진에 기여한 공로로 '밴 플리트' 상을 받았어. 이외에도 기계공학, 화학, 조선(造船) 등 과학기술 분야에서 활약하거나, 국제기구의 고위직 인사가 되는 등 많은 한국인이 세계 무대에서 힘찬 발걸음을 내딛고 있어. 다양한 분야에서 눈부신 성과를 내는 자랑스러운 한국인들. 앞으로도 세계 무대에서 더 멋진 모습을 보여주길 기대해!

한강 작가. han-kang.net

골프선수 출신 감독 박세리. sportsw.kr

임윤찬 피아니스트. 임윤찬 인스타그램

"저희 매장엔 'S 사이즈'밖에 없으세요"

출처, 제니 인스타그램

최근 미국과 유럽의 Z세대에게 엄청난 인기를 얻고 있는 패션 브랜드가 있어. 이름은 '브랜디 멜빌(Brandy Melville)'. SNS로만 마케팅을 하는데도, 가격도 저렴한 편이고 베이직하면서도 트렌디한 스타일 덕분에 입소문이 났나 봐(블랙핑크 제니도 자주 입음).

그런데 이 브랜드에는 독특한 사이즈 전략이 있어. 바로 '원 사이즈 피츠 올(One size fits all)', 그러니까 한 가지 사이즈가 다양한 체형에 맞을 수 있다고 주장하는 거지. 실제로 브랜디 멜빌은 모든 옷의 사이즈를 '스몰(S)' 하나로만 판매하고 있어.

그런데 브랜디 멜빌의 정체성과도 다름없는 이 전략은 큰 비판을 불러왔어. 일단, 많은 소비자들이 자신이 브랜드 기준에 맞지 않는다고 느끼게 해서, 자존감에 부정적인 영향을 줄 수 있어. 그리고 획일화된 특정 체형을 이상화하는 사회적 분위기를 확산하고, 다양한 체형을 가진 사람들의 선택지를 제한할 수도 있지. 무엇보다도 이 전략은 현대 패션에서 중요하게 여겨지는 '다양성'과 '포용성'을 반영하지 못하고 있어(매장 직원이나 광고 모델로 금발+마른+백인+여성만 내세우는 건 안 비밀).

한국에도 조만간 매장을 오픈한다는데, 이 브랜드가 한국 시장에서 어떤 영향을 미칠지 지켜봐야 할 것 같아.

위험한 상황에서 '보이는 112 신고'

우리는 누구나 위험한 일을 겪을 수 있잖아? 특히 가정폭력, 학교폭력, 교제폭력 같은 상황에서 피해자는 가해자와 같은 공간에 있는 경우가 많아. 이렇게 112에 직접 전화를 걸어 신고하기가 어려울 땐, '보이는 112'에 신고하면 돼.

112를 누른 다음, '똑똑' 노크하듯이 아무 숫자나 연달아 두 번 누르는 거야. 예를 들면 88 이런 식? 그러면 경찰관이 링크를 보내줄 거야. 그걸 클릭하면 신고자의 위치가 확인되고, 신고자는 주변의 영상을 전송하거나 경찰과 들키지 않게 채팅도 할 수 있어. 말 못할 위험한 상황은 없어야겠지만ㅠㅠ 미리 알아두면 좋은 시스템이야!

보이는 112 신고 홍보영상

119

"이번 역은 '러너 스테이션'입니다"

올해는 이상기후로 여름이 유난히 더워서, 운동은커녕 낮에는 밖에서 야외활동도 하기 어려웠지? 더운 날씨 속에서 러닝이나 등산 같은 야외 운동을 무리하게 하다가는, 탈수나 심한 경우 건강에 큰 위험이 될 수도 있어 ㅠㅠ.

그런데 서울시가 운동화만 있으면 시민 누구나 무료로 달릴 수 있는 지하철역 '러너 스테이션'을 만들었어. 러너 스테이션 위치는 서울 지하철 5호선 '여의나루' 역! 물품 보관함과 탈의실, 파우더룸이 잘 갖춰져 있어서, 전문 러너는 물론 직장인이나, 다른 지역에서 방문한 시민들 모두 쉽고 편리하게 이용할 수 있지.

특히 헬스장에서 흔히 볼 수 없는 무동력 트레드밀(러닝머신)과 러닝 관련 다양한 체험도 할 수 있다고 해. 또 여의도 한강공원으로 나가는 여의나루 2번 출구에는 러너들을 위한 포토존도 마련돼 있어서, 지하철역에서 색다른 추억을 사진으로 남길 수 있을 거야!

출처. 내 손안의 서울_김준범 기자

아이슬란드 오이 품절 대란, 한국 '오이무침' 때문?

아이슬란드에서 오이 품귀 현상이 일어났어! 근데 이게 한국의 오이무침 때문이라고 하는데…? 정확하게 말하면, 해외 유명 인플루언서가 한국식 오이무침 레시피를 전파한 덕분이라고!

팔로워 600만 틱톡커이자, 구독자 99만 유튜버이기도 한 로건은 평소에 K-푸드, 그러니까 한식을 만들거나 먹는 영상을 제작해. 로건은 특히 오이 넣은 김밥이나 냉면처럼 오이를 활용한 음식을 자주 만들어 먹어. 그중에는 우리 밥상에서 흔히 볼 수 있는 오이무침도 있는데, 보면 진짜로 고춧가루, 마늘, 액젓, MSG(?)까지 넣어 한국식으로 만들었어.

그런데 이 매력적인 '오이샐러드' 레시피 영상이 틱톡 조회수 2천만 회를 넘기면서, 아이슬란드에서 미친 인기를 얻은 거야. '로장금' 덕분에 머나먼 나라 아이슬란드 오이가 동나 버리는 진귀한 사태가 벌어진 거지.

인플루언서의 영향력으로 한국의 반찬이 유명해지는 게 신기하면서도, 뭔가 묘한 느낌이야. 한국 음식이 더 유명해지면 좋겠는데, 또 너무 유명해지는 게 살짝 아쉽기도 하고… 뭔지 알지?ㅎㅎ 유명해져, 아니 유명해지지 마, 유명해져, 그래 유명해져…

고양이로 보이지만
'북극여우'입니다

사진 속 동물, 누가 봐도 고양이인데 북극여우라는 게 말이 안 되지? 근데 실제로 노르웨이 정부가 인정한 북극여우임ㅋㅋ(?) 어떻게 된 거냐면, 노르웨이 북쪽 끝으로 가면 스발바르 제도라는 곳이 있어. 엄청 추운 곳이고, 인류 최후의 씨앗 창고인 '국제 종자저장고'가 있는 곳으로 유명해.

이곳은 1990년대 '고양이 금지령'이 내려졌어. 고양이가 광견병이나 다른 질병을 옮기기 때문이었지('O'). 그래서 이때는 허가받은 몇몇 동물을 제외하곤 애완동물로 키울 수 없었대.

그런데 20년 후인 2015년의 어느 날, 스발바르에 어디선가 고양이 한 마리가 나타난 거야. 너무 오랜만에 고양이를 봐서였을까? 마을 사람들은 이 고양이한테 '케샤(Kesha)'라는 이름을 지어주고 예뻐했어. 그리고 강 노르웨이 정부에 북극여우로 신고해 버림ㅋㅋㅋ

그렇게 케샤는 노르웨이에서 법적으로 진짜 북극여우가 됐다는 이야기! '스발바르의 유일한 고양이'이자, '가장 유명한 북극여우'로 불리게 됐지. 케샤는 사람들과 행복하게 살다가 2019년 고양이 별로 떠났다고 해.

케샤

지구상에 존재할 수 없는 패션쇼

어느 패션쇼에서 런웨이가 한창이야. 등 뒤에는 거대한 나비 날개를 단 모델, 은색으로 번쩍이는 금속 미니드레스를 입은 모델, 작은 TV가 달린 머리띠를 한 모델 등이 등장해. 그런데 하나둘, 조금씩 독특한 모델이 보이기 시작해. 머리에서 모래를 흘리며 걸어 나오고, 전자기기 같은 걸 몸에 두르고, 폭이 좁은 스케이트보드를 타고 등장하는 식으로 말이야.

용암이 흐르는 드레스, 빙하 조각을 두른 말도 안 되는 의상에 머리가 혼란스러워지고 있어. 이제는 아예 사람이 아닌, 지네, 사자, 외계인(?)이 모델이 되어 런웨이를 하고 있지ㅋㅋㅋ

독특하면서도 매력적인 이 패션쇼, 알고 보니 진짜가 아니라 AI로 만든 거였어. 애니메이터 'The Dor Brothers'가 딥페이크 기술을 활용해 현실과 상상의 경계를 허문 패션쇼를 연출한 거지. 실제로 제작할 수 있는 옷부터 완전히 비현실적인 디자인까지, AI가 모두 생동감 있게 연출해 냈어. 딥페이크 기술을 범죄에 악용하지 않고, 창의적이고 긍정적인 방식으로 활용한다면, 패션, 영화, 예술 등 다양한 분야에서 새로운 가능성을 열 수 있다는 것을 보여준, 좋은 사례야.

배우 차인표가 쓴 소설, 옥스퍼드대 필수도서 선정!

배우 차인표가 직접 쓴 소설이 영국 옥스퍼드 대학의 필수도서로 지정됐어! 소설 제목은 〈언젠가 우리가 같은 별을 바라본다면〉. 고국을 떠나 70년 만에 필리핀의 작은 섬에서 발견된 쑤니 할머니의 젊은 시절을 담은 이야기야. 일제강점기 일본군 위안부 문제를 다룬 작품이지.

차인표는 이 작품을 구상하는 데 10년이 걸렸다고 밝혔어. 그는 위안부 문제를 단순히 분노와 같은 부정적 감정으로만 바라보는 게 아니라, 아이들에게 어떻게 이야기할지 고민하면서 썼다고 해.

소설은 다음 학기부터 옥스퍼드대 한국학과 교재로 쓰이고, 옥스퍼드대 모든 도서관에도 비치될 예정이래. 지금까지 총 3편의 장편소설을 발표한 소설가 차인표! 앞으로 그가 펼쳐가는 멋진 문학적 여정을 기대해도 좋겠지? -w-)b

배우 차인표와 신애라 부부. 신애라 인스타그램

해리포터, 앞으로 '포터해리'로 바뀜

앞으로 우리나라 행정문서에서 외국인의 이름 표기 방식이 통일된대. 그동안 외국인 이름 표기 방식이 다양해서 본인 확인이 어렵고, 행정상 효율적이지 못했기 때문이야.

그래서 로마자로 된 외국인 이름은 대문자로 '성-이름' 순서로 표기하고, 성과 이름은 띄는 걸로 통일돼. 그러니까 한국에 유학 온 영국의 마법 학교 학생 '해리 포터(HARRY POTTER)'는, 한국식으로 '포터 해리(POTTER HARRY)'로 바뀌는 거! 지금 당장은 뭔가 어색하긴 하지만 금세 적용될 거야!

사라지는 '종이교과서'

 2025년부터 초중고에 종이교과서가 사라지고, 디지털교과서가 시범 도입돼. 시범 학년은 초3·4, 중1, 고1, 수학·영어·정보 과목에서 우선 사용해보기로 했어. 처음에는 종이교과서랑 병행하다가, 2028년부터는 모든 초중고에서 AI(인공지능)를 탑재한 태블릿PC로 공부하게 되는 거야. 세계 최초로 디지털교과서를 도입해 학생 개인의 학습 수준과 속도를 분석한 '맞춤교육'을 지원한다는 계획이지.
 하지만 현장에서는 우려의 목소리도 높아. 안 그래도 학생들의 핸드폰 사용 시간이 과도한데, 학교에서까지 디지털기기에 의존해야 하냐는 거야. 문해력, 집중력, 시력 등 여러모로 다 나빠지니까. 또 학생들의 학습데이터, 평가데이터 모두 민간 기업이 관리하기 때문에, 개인정보 유출로 인한 사생활 침해, 개인 데이터 오남용 같은 문제도 배제할 수 없어. 디지털교과서 도입에 반발해 '디지털교과서 도입을 미뤄달라'라는 국회 청원에 5만 6,500여 명이 동의하기도 했어. 디지털교과서 도입, 너희는 어떻게 생각해?

배제(排除)
받아들이지 않고 물리쳐 제외함

yomojomo.news

yomojomo.news

T를 위한 '공감학원'의 등장이라?

혹시 MBTI 'T' 유형인 사람 손! ('0')/ 서울 강남에 MBTI 'T' 유형을 위한 '공감학원'이 등장했어! 보통 T는 '사고형', F는 '감정형'이라고 하잖아?
 "우울해서 빵 샀다."라는 말을 두고, F들은 '우울한 마음'에 집중하지만, T들은 먼저 상대의 문제를 해결해 주려 하는 경향이 있어. "빵으로는 우울감이 해소되지 않아. 왜 우울한지 근본 원인을 생각해 봐."라고 하는 식이지. 그래서 이런 사람을 보고 "너 T야?"라고 놀리거나, 가사가 "T라서 미숙하다"처럼 들리는 '티라미수 케익'이라는 노래가 유행하는 거잖아?
 그런데 공감학원에서는 공감능력이 발달한 사람처럼 보일 수 있게 '대화할 때 필요한 적절한 리액션'이라든가, '상황별 답변 예시' 같은 걸 가르쳐 준대!('0') 생각보다 공감학원의 인기가 많아서 수강하기 쉽지 않다고. 단순히 T/F 유형에 대한 관심을 넘어서, 우리 사회에서 공감과 이해의 중요성을 느끼고 있는 건 분명해 보여!

출처. 와플대학 홈페이지

역.대.급 '와플대학' 캠퍼스 개교!

 와플의 성지, 와플대학이 광주에 역대급 캠퍼스를 개교했다는 소식이야! 광주도천점 캠퍼스는 와플 연구소가 있는 지하 1층부터, 캠퍼스 공원, 기숙사 라운지, 도서관, 루프탑까지 무려 4층 규모로 이루어져 있어. 층마다 콘셉트도 다르고, 다양한 굿즈랑 아기자기한 포토존까지 준비돼 있으니까, 여기서라면 누구나 와대 박사가 될 수 있겠지?('3')
 K와플이 더 유명해졌으면 하는 마음으로 연구소도 세웠고, 앞으로 학생들을 위해 장학재단도 만들고 싶다는 사장,, 아니 총장님 철학에 따라, 재미있는 와플대학의 콘셉트는 오래 이어질 것 같아!ㅎㅎ 아, 매주 목요일, 2가지 와플 메뉴를 직접 만들고 시식하는 '와플 클래스'도 진행한다고 하니까 A+ 받고 싶은 학생들은 얼른 달려가 보라규!()_()

'집단적 독백' 피하기
말랑하게 생각해 보자!

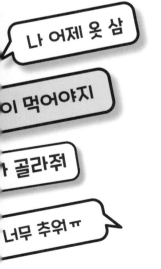

 가끔 예능이나 드라마를 보면 사람들이 서로 자기 할 말만 하는 '집단적 독백'을 관찰할 수 있어. 이들은 각자의 얘기만 할 뿐 실제로는 대화가 전혀 되지 않아. 예를 들면 한 아이가 "나는 5살이야."라고 했을 때 다른 아이가 "이건 우리 엄마가 사줬어."라는 식으로 자기가 하고 싶은 말을 하는 것처럼 말이야(@_@). 실제로 심리학에서 집단적 독백은 아직 뇌가 발달하지 않은 유아에게서 발견되는 발달의 특징이라고 해.
 그런데 요즘 SNS를 보면 이런 사람들의 모습을 자주 볼 수 있어. 타인의 관점을 무시하고, 그 사람의 입장은 고려하지 않은 채, 자기가 하고 싶은 말만 쏟아내는 거지. 대화 속의 맥락을 더 이상 파악하지 못하고, 그저 자기가 맞는다는 생각 한 가지에만 꽂혀버린 거야. 더 심각한 건 자신이 그런 말을 하는 사람이라는 것도 모른다는 거(ㅠㅠ).
 이렇게 상대방과 상호작용하지 못하고 의사소통 능력이 부족한 사람들이 많아지면, 결국 사회적으로 문제가 될 수 있어. 소통의 부재는 곧 갈등과 혐오로 이어지니까. 대화가 더 이상 '독백'이 되지 않도록 적극적으로 듣고, 생각을 유연하게 하는 연습이 필요해!

경제

P. 11
1. 정보 비대칭
2. X, O
3. 예시) 구매자가 가진 정보가 매우 부족한 중고차 시장에서 고장 난 차량을 비싼 가격에 구매해 피해를 입는 사례가 빈번하다.

P. 13
1. 엥겔지수
2. ④
3. 대체재

P. 15
1.

태	양	인	어	공	주
극	과	대	리	입	금
기	수	한	마	음	악
개	원	민	생	안	정
구	금	국	적	불	영
리	본	가	이	자	복

P. 17
1. 자원의 저주
2. ②
3. 기댈만한 산업이 부족해서, 돈 되는 자원에만 '올인'한 탓에 경제 전체가 망가지기 때문.

P. 19
1. 패노크라시
2. X, O
3. 예시) 코카-콜라사의 환타는 인기 아이돌 그룹 '라이즈(RIIZE)'를 새로운 브랜드 모델로 발탁하고 '원해? 환타!'라는 광고 캠페인을 시작했다.

P. 21
1. 김플레이션
2. ④
3. O, X, O

P. 23
1. 낙인 효과
2. X, O
3. 세금, 탈세

P. 25
1.

대	파	생	선	조	림
포	업	무	량	헌	신
기	름	장	소	법	발
이	집	트	금	메	달
구	터	미	널	주	말
멍	키	가	수	임	금

P. 27
1. 퀵커머스
2. O, X, O

3. ②

P. 29

1. ①, ④

2. 재미

3. 예시) 한국야쿠르트는 요구르트를 얼려 먹는 것을 선호하는 소비자를 위해 기존의 병을 거꾸로 뒤집고, 입구를 넓혀 숟가락으로 떠먹기 편하게 디자인한 '거꾸로 먹는 야쿠르트'를 출시해 호평을 받았다.

P. 31

1. 크라우드 펀딩

2. X, O

3. ③

P. 33

1. 효용, 효용 극대화

2. ③

P. 35

1. 액티브 시니어

2. O, X, O

3. 팬덤

P. 37

1. 다이내믹 프라이싱

2. O, O

3. 인공지능의 발달

P. 39

1. 덤핑

2. O, X

3. 보호, 철회

P. 41

1. 국가, 국민

2. ①

3. 방귀세, 메탄가스

P. 43

1. 스몰 럭셔리

2. X, O

P. 45

1. 외부 효과

2. X, X

3. 예시) **긍정적 외부 효과:** 한 사람이 집 앞에 아름다운 정원을 꾸몄다. 그 덕분에 이웃은 아름다운 경관을 즐기고, 맑은 공기도 마실 수 있게 됐다.

부정적 외부 효과: 담배를 피며 길을 걸어가는 흡연자는 같은 길을 걷고 있는 다른 비흡연자에게 건강상의 피해를 준다.

P. 47

1. ②

2. X, O

P. 49

1. 최저임금

2. ③

사회문화

P. 53

1. 324, 7,300

2. ③

3. 예시) 경복궁, 불국사, L타워 등

P. 55

1. O, X

2. 기네스북

3. ②

P. 57

1. 스낵무비, 숏폼

2. ①

3. 영화나 드라마를 짧은 '몰아보기' 영상으로 시청하고, 틱톡, 숏츠, 릴스 등의 숏폼 콘텐츠가 시대의 트렌드로 자리잡은 요즘, 단돈 1천 원으로 영화를 볼 수 있는 '스낵무비'는 대중을 공략할 수 있는 최적의 장치이기 때문.

P. 59

1. 1900, 1922

2. ②

3. O, O

P. 61

1.

위	기	린	스	웨	덴
장	미	꽃	페	지	마
약	국	병	인	멸	크
밀	렵	꾼	사	종	레
가	시	덤	불	위	용
루	마	니	아	기	서

P. 63

1. 뮤지엄, 굿즈

2. O, X

3. 예시) 까치 호랑이 배지 등

P. 65

1. 사상, 불특정 다수

2. ③

3. 예시) 2023년 12월 3일(현지 시각), 프랑스 파리 에펠탑 근처에서 이스라엘-팔레스타인 전쟁에 분노를 느낀 테러범이 휘두른 흉기에 죄 없는 독일인 1명이 죽고, 영국인 1명과 프랑스인 1명이 크게 다쳤다.

P. 67

1. O, X, X

2. 문화, 파티

P. 69

1. 국가브랜드

2. ④

P. 71

1. ②

2. X, X, O

환경

P. 75
1. 버몬트, 온실
2. ④
3. X, O

P. 77
1. 7월 3일, 장바구니
2. ④
3. 예시) 한 번 사용한 비닐봉지는 깨끗이 보관해 재사용한다.

P. 79
1. 해초
2. O, X, O
3. 수질, 양식업

P. 81
1. 오존, 산소
2. ②
3. O, X, X

P. 83
1. 도시 양봉
2. X, O, X
3. 예시) 하나금융그룹은 꿀벌농장 조성 사업에 나서고 있다. 그 일환으로 지역 주민을 대상으로 도시양봉 체험 교육을 진행하고 있다.

P. 85
1.

P. 87
1. 패스트 패션
2. O, X, O
3. 예시) 의류 소비를 최대한 줄이고, 수선 또는 리폼을 생활화한다.

P. 89
1. 멕시코, 환경
2. ③
3. X, O

P. 91
1. 인공증식
2. ①
3. 환경변화, 유전적인 다양성

P. 93
1.

불	장	난	초	식	당
가	수	염	화	칼	슘
사	하	모	니	카	레
리	늘	나	무	제	마
미	소	리	궁	설	법
어	는	점	화	제	봉

2. ③-④-①-②
3. 아열대

P. 97

1. 머신 러닝

2. ②

3. 모스 부호

P. 99

1. 수면 부족

2. ①

3. 예시) 우울, 불안, 성인병, 탈모 등

P. 101

1. 광각, 적외선

2. ③

P. 103

1. 거짓말, 가짜

2. ①, ④

3. 예시) 비 맞으면 탈모 생긴다.

P. 105

1.

위	갯	장	어	판	장
장	벌	크	업	계	산
술	국	민	재	학	생
조	수	간	만	의	차
가	시	덤	불	지	력
비	늣	물	인	력	거

P. 107

1. 디지털 트윈, 쌍둥이

2. X, O, O

3. 예시) 삼성전자는 반도체 제조 공정에 디지털 트윈 기술을 적용해, 생산 라인의 효율성을 극대화하고 있다.

P. 109

1. AI 규제법

2.

3. 사회에 부정적 영향을 줄 위험이 높을수록 더욱 엄격한 규제를 적용하기 위해서

P. 111

1. 사용할 수 없는, 10㎝

2. ②

3.. 예시) 담요를 펼친 모양의 우주선을 지구 궤도에 띄워, 우주 쓰레기가 감지되면, 동그랗게 말아 태우는 '그물 포획 방법'이 있다.

P. 113

1. 거울, 원숭이

2. X, O, O

3. 예시) 아이가 처음 말을 배울 때, 부모의 발음과 입 모양을 관찰하고 이를 모방하면서 언어 능력을 발달시킨다.

P. 115

1. 온도, 습도, 판, 기둥

2. ④

3. X, X, O

문해력이 커지는

하루 한 장!
어린이경제신문 2

펴낸날 2024년 11월 5일 1판 1쇄

글 어린이 경제신문

편집 진로N (진로엔)
펴낸곳 나이스에듀 (진로N)
출판등록 제 2024-000001호
주소 (21315) 인천 부평구 부평대로 283, A동 115호
전화 1660-0848
이메일 jinronedu@daum.net
홈페이지 www.econi.com 어린이 경제신문
　　　　　 www.jinron.kr 진로엔뉴스

정가 15,000원
ISBN 979-11-988086-2-2(73700)